中 華 教 育

馬可‧孛羅歷險記

東方大帝

【意】克里斯蒂娜‧拉斯特萊格

弗朗西斯科‧苔斯塔 / 著繪

馬素文 / 譯創

馬可·孛羅歷險記

東方大帝

【意】克里斯蒂娜·拉斯特萊格
弗朗西斯科·苔斯塔 / 著繪
馬素文 / 譯創

責任編輯：謝燿壕
裝幀設計：龐雅美
排　　版：龐雅美
印　　務：劉漢舉

出版 / 中華教育

香港北角英皇道 499 號北角工業大廈 1 樓 B 室
電話：(852) 2137 2338　傳真：(852) 2713 8202
電子郵件：info@chunghwabook.com.hk
網址：http://www.chunghwabook.com.hk

發行 / 香港聯合書刊物流有限公司

香港新界荃灣德士古道 220-248 號荃灣工業中心 16 樓
電話：(852) 2150 2100　傳真：(852) 2407 3062
電子郵件：info@suplogistics.com.hk

印刷 / 高科技印刷集團有限公司

香港葵涌和宜合道 109 號長榮工業大廈 6 樓

版次 / 2021 年 12 月第 1 版第 1 次印刷

©2021 中華教育

規格 / 16 開 (275mm x 210mm)

ISBN / 978-988-8760-22-0

目　錄

第一章
初識皇孫

在元大都住了一些時日，我和左鄰右舍開始熟絡起來。可惜我家的店鋪位置有些偏遠，周邊沒幾戶人家，略顯冷清。

空閒時間，我喜歡在京城四通八達的馬路和店鋪之間轉悠，觀察這裏的風土人情，好更快地融入本地人的生活中。

大汗有空，時常宣我進皇宮，聽我講述旅途見聞。在這裏，每天的生活都充滿了樂趣和期待。

「你們猜我這次覲見大汗時，他給我看了甚麼？」

看着馬可‧孛羅揚着眉毛滔滔不絕地講述昨天進宮時的見聞，胡安彷彿身臨其境，被描述中的雕樑畫棟深深吸引了。

「你倒好，三天兩頭往宮裏跑。我就第一天進宮看了一小圈。」胡安吞吞吐吐着，「也不知道會不會有機會再去看琉璃的瓦和鑲了金的牆。」

「嘿，我說，你在嘟嘟囔囔甚麼呢？」馬可拿手指戳了胡安一下，「你到底有沒有在聽我說話？」

「嗯？哦，你剛才在說池子裏的鯉魚嗎？」胡安知道自己走神了。

馬可‧孛羅無奈地攤了攤手：「我說讓你幫忙把梯子拿過來。你要再這麼磨磨蹭蹭，明天我可不帶你去給大汗獻地圖啦！」說着，他朝牆角的梯子努努嘴。

「梯子你自己也可以拿嘛！」一個激靈，胡安突然像被踩了尾巴的貓一樣跳了起來，「你說甚麼？馬可，你剛才說帶我進宮，對不對？」

看着馬可一臉壞笑地看着他，胡安恍然大悟，自己的那點兒小心思早就被馬可看穿了，他尷尬得一時間不知道說甚麼好。

「好啦，你要是再不幫我整理好一路來繪製的地圖，我就只能把你獻給大汗了！」

胡安忙不迭地搬來梯子，和馬可一起將沿途繪製的羊皮卷地圖收拾整齊。

「不過我們可說好了，去可以，但你得負責拿地圖哦。」馬可笑笑說。

胡安知道馬可是不想讓自己心存愧疚，自然一口答應了下來。

忐忑了一夜，胡安直到後半夜才睡去。看着胡安的兩隻熊貓眼，馬可一度擔心他會走着走着就睡着了。不過從兩人跨過宮門那一刻，馬可就知道自己的擔心是多餘的。

　　從進宮門開始，胡安就沒有停下來，只恨自己少生了兩隻眼睛，一步一景怎麼看都嫌不夠。

　　馬可只是笑笑，因為他第一次走進御花園時，驚訝之情絲毫不比胡安少。

　　「胡安，別忘了我們此行的目的。」眼看胡安被御花園吸引得挪不動步子，馬可只好低聲提醒。

　　「好，好！」胡安回過神來，不好意思地撓撓頭，三步併作兩步趕緊跟上。

　　內廷大人在作為書房的宮殿台階下站定，轉身對身後的馬可及胡安二人微微欠身，說：「孛羅大人，請稍後，容我進去稟報大汗。」說罷恭敬地推門而入，留下馬可和胡安在殿外等候。

午後陽光晃眼，若是在太陽底下，不消一會兒工夫，額頭、鼻尖都沁出密密的汗珠。所幸殿門外的兩株參天大樹正好擋住烈日，灑下一片陰影。

　　「噓！」

　　不知何處竄出一位翩翩少年，劍眉星目，身形體格都有一副皇家氣質。少年一把抓住馬可的胳膊，食指抵住嘴脣，做出一個「噓」的口型，又迅速跳開，轉身藏到參天大樹後。畢竟三四個人合抱才能圍攏的大樹，要藏個人，並非難事。

「殿下！殿下！温書的時辰到啦！太傅大人已經到書房啦……」

遠處的遊廊上，滿腦門兒汗水的伴讀書童正急切地一路碎步小跑，邊跑邊左右張望。御花園內禁止喧嘩，書童壓低了嗓門兒叫喚，哭喪的語氣伴着焦慮的臉龐，惹得樹旁的少年忍不住竊笑。

「殿下？」

待書童往別處尋去，馬可‧孛羅忍不住朝眼前這位年紀輕輕的少年，試探地呼喊了一聲。

少年雙手一撐背後的大樹，健步躍到馬可身邊。他上下打量了幾眼站在大汗書房門外的這兩人：一位是藍眼珠子的外國人，另一位看着像隨從，背上背着一個畫筒，也不知道裏面裝了甚麼寶貝。

「嗯，你是誰？在這裏幹甚麼？」少年昂起下巴撇了撇嘴。

「在下馬可‧孛羅，我父為尼科洛‧孛羅，威尼斯公國的使臣。代表威尼斯總督大人前來中國……」

「馬可‧孛羅？」少年打斷了馬可的話，「好，我記下了！你們是在等待大汗召見吧？一會兒可別說看到我了！」

「遵命！」馬可抬手作揖，「可我怕說漏嘴了，還不知道殿下您是……」

「我是誰？你們看見我，可是得下跪行禮的！」少年挑挑眉毛，語氣略霸道，卻還是帶着幾分頑皮的天性，「算了，看在你是外國人的份上，不和你計較。我是大汗最疼愛的孫子。太傅大人作業檢查太嚴苛，所以今兒不想上課。一會兒你們覲見大汗，不許說見着我了，聽到沒有？」

原來皇孫也會逃課！馬可想着忍不住笑出聲來。

「胡安，這院子裏除了你我，還有別人嗎？」馬可機靈地扭頭就衝着身後的胡安發問。

「沒見着！馬可，你在說誰呀？」胡安配合着裝傻充愣。

「那還差不多……」

得意的小殿下話音未落，書房大門敞開，正往外邁步的內廷大人抬頭看到了眼前的一幕，說：「小殿下！」內廷大人畢恭畢敬地深鞠躬拜見，「大汗正巧想召見您

呢，怎麼這麼巧呢？」

小殿下愣住了，以為逃過太傅查課，就能自由自在地偷玩一會兒，這下洩了氣：「好吧。」小殿下吐了吐舌頭，「馬可‧孛羅，跟我進去吧……」

小殿下撐撐袖子，整理了一下頭髮和衣襟，挺直身板邁入殿內。馬可和胡安緊隨其後。

「孫兒給大汗請安。」小殿下一改御花園裏調皮的模樣，行禮問安，嚴肅而恭謹。他的眉宇神態都和大汗頗為相似，雖年輕氣盛但掩藏不住一份貴氣，與尋常百姓家的孩子很是不同。

「馬可‧孛羅參見大汗，祝大汗萬歲萬歲萬萬歲！」馬可也趕緊跪拜叩首。

「乖孫啊，這個時辰你不是應該跟着太傅上課嗎？怎麼和馬可‧孛羅在一塊兒呀？」看到孫兒請安，平日威嚴的忽必烈舒展了笑容，微微上揚的嘴角藏不住慈愛和略微的詫異。

「嗯，我，我想……」小殿下再怎麼偷懶，面對祖父還是不敢有一絲怠慢，他支支吾吾面露難色。

「啟稟大汗……」馬可‧孛羅壯了壯膽子，「剛才御花園內偶遇小殿下，殿下得知我奉旨獻上此次探險的地圖，很是好奇，便一同拜見。」聽聞馬可幫自己解圍，小殿下衝他眨了眨眼，心想，這外國使臣還真機靈，得空要好好會會他！

「這幾日太傅大人上的課，你可曾溫習了？四書五經是基礎，你要好好學習先賢大德的思想呢！」大汗恢復了威嚴的表情。關乎學業的事情，本應一刻不得鬆懈，無奈小殿下自幼習武，對訓練場上策馬揚鞭很是喜歡，可面對這靜心苦讀的課堂，就哈欠連天了。

「祖父，我們是在馬背上打下的江山，為何要讀這些之乎者也的東西？依我看，有企圖造反、執拗不馴的，一視同仁地施以刑罰，彰顯威嚴和法度就可以了。」說罷，小殿下不經意顯露出一絲桀驁的表情，像極了當年橫掃千軍的大汗。

大汗伸手招呼皇孫來到身側，重重地在其肩膀上拍了兩下，語重心長道：「孫兒切記，水能載舟，亦能覆舟！為政以德，譬如北辰，居其所而眾星共之。」大汗沉思了一下，繼續一字一句地說道，「凡為天下國家有九經，曰修身也，尊賢也，親親也，敬大臣也，體羣臣也，子庶民也，來百工也，柔遠人也，懷諸侯也。」

「載舟……覆舟……德政……星辰……」馬可聽得出神，跟着喃喃自語起來。此刻的大汗，展現出非同以往的沉穩睿智，這些中國古代聖人的話語從帝王口中不緊不慢、凝重而堅定地說出，平添一份至高無上的氣勢。

向大汗展示了此次帶來的地圖後，馬可和胡安便退出書房。他們穿越御花園，按來時的路線返回。時近傍晚，日落西山，餘暉灑進園子，天邊紅霞連片，雲朵的四周彷彿鑲了一圈金邊，園內池塘蕩起粼粼波光，他們不禁也放慢了些許腳步，欣賞一下這難得的恬靜。

不遠處響起窸窸窣窣的聲響。馬可和胡安朝着聲響處望去──闊闊真公主在侍女慧心的陪伴下，也正沿着池塘散步。在夕陽金色光輝的映襯下，公主和侍女周身放光一般的明媚，大大的裙擺勾勒出纖細的腰肢，束髮間的珠花寶石隨着身子一閃一閃，婉約柔和又仙氣飄飄。

「好美啊！」早已看呆的馬可和胡安自言自語道。

「威尼斯來的馬可‧孛羅？」闊闊真公主舉手放在額前，瞇着眼睛，望向迎着落

日光輝的池塘那邊。儘管公主的聲音很輕，伴隨微風，馬可卻清清楚楚聽到了公主的召喚。

「馬可·孛羅向公主殿下請安！」兩人三步併作兩步趕到公主跟前，深深作揖問安。

闊闊真公主打量了馬可一眼，拋出一連串的問題：「有些時日不曾見你了，近來可好？在京城住得習慣嗎？你父親和叔叔在京城做甚麼呀？今日你是奉旨入宮嗎？」

馬可有些驚訝，闊闊真公主居然這麼關心自己，他心裏充滿感激，一一作答。身後的胡安傻呵呵地對着公主身後的慧心一陣憨笑，在他眼裏，慧心就像鄰家妹妹一般，哦不，是最最漂亮活潑的鄰家姑娘，讓人忍不住想跟她說話、陪她解悶兒。慧心看着一臉愣笑的胡安，心想，馬可身旁的這人倒也實誠，上次在獵場還幫她拎水幹粗活。

「還是你們好，大汗召喚你就入宮，平時住在宮外。」馬可陪着闊闊真公主走在前面，公主向他投去羨慕的眼神。胡安則小心**翼翼**落後半步跟在慧心身側。

甚麼？舒服？怎麼可能？！馬可簡直不敢相信自己的耳朵。宮裏這麼多人伺候着，吃穿不愁，各種新奇珍品，還不用勞神**費**力討生活，到底誰舒服？

闊闊真公主斜眼看了看馬可已經瞪圓的雙眼，猜到了他內心的嘀咕。「其實你們只看到了宮內的錦衣玉食。我是多麼羨慕你們宮外自由自在的生活啊！不用在這四方天裏，遵守這些該死的規矩，不用被困在奇奇怪怪的束縛裏。更重要的是，你們的命運掌握在自己手裏。」說着一絲憂愁爬上公主的臉龐。馬可似懂非懂，也不敢接話。

時間不早了，馬可陪公主走了一會兒，就跟公主告辭，離開了皇宮。

剛回到店鋪，馬可就迎面撞到一個人。

「殿下？！」馬可吃驚地提高了聲音，「殿下怎麼來了？」

「噓！」小殿下立馬捂住了馬可的嘴，「我溜出來找你玩呢。大汗不是答應讓你給我講你們的冒險經歷嘛，這不，我自己上門來聽故事了！」說罷，他得意地晃起了腦袋，還囑咐身旁的隨從：「你們幾個，守在門外就可以啦，不用進來了。」

馬可趕緊把小殿下迎到內院，走進書房，指着一書櫃的圖冊書籍，問道：「殿

下想聽甚麼呢？」

「隨便，甚麼都行！要不，你先講講你們威尼斯是個怎樣的國家？地方有多大？人多嗎？和我們京城有甚麼不一樣……」

「殿下先喝口水，慢慢聽我講。」馬可已經熟知中國這進門奉茶的習俗，雖說還沒能學會品茶，簡單的沏茶和剛到京城相比，倒是已經熟練了不少。

說起自己的家鄉，馬可就像打開了話匣子滔滔不絕地開始描述：威尼斯和京城大不一樣，遠遠沒有京城大，人口也沒這麼密集。但是，威尼斯有自己獨一無二的地方──它是一個建在海上的公國。威尼斯大大小小有成百上千個小島，每個島嶼也就幾棟房子的大小，中間有小橋連接。有一條寬大的運河在城中蜿蜒而過，寬窄不同的河道裏，最主要的交通工具是貢多拉船，可以載人載貨。每周有集市，就像京城一樣，只是規模小一點兒，畢竟建在海上的廣場不如陸地上的面積大。不過，總督府還是相當巍峨壯觀，雖然規模不能和皇城相提並論，但是跟方圓其他的王國相比，威尼斯已經是非常繁華了！威尼斯的標誌是長着翅膀的獅子，和中國那些蹲在宅院門口的獅子完全不一樣。總督大人特別打造了一尊純金的飛獅，帶來獻給大汗，以示友好。首次拜見大汗的時候，父親尼科洛已經將金獅獻給大汗，應該在皇

城的某間寶庫內存放着呢⋯⋯

「甚麼味兒，這麼香？」

馬可正說在興頭上，空中飄來了陣陣香味，小殿下動動鼻子在空氣中嗅了嗅：「好香啊⋯⋯從來沒聞過這樣的味兒！我要去瞧瞧！」顯然，小殿下的注意力完全被突如其來的氣味吸引了。

估計是廚娘姜大嬸的手藝。打開房門，馬可引着小殿下來到後廚。果不其然，圍着圍裙，正在忙着開蓋、起架、出鍋的姜大嬸，絲毫沒有察覺門外站着兩個人。哦不，其實此刻有三個人。

「大嬸，今天燒甚麼好吃的？」也被香味吸引的威賽，穿過院子，扯着嗓門兒就問開了，「馬可，你也是聞着味兒過來的吧？這位是？」威賽雙手隨意地搭在馬可肩頭，瞇眼看着身邊這位陌生的少年。少年雖身着便服，但一眼能分辨出這衣衫布料考究，縫製精細，隨身還佩戴着玉器掛件，腳蹬高靴，一定是非富即貴。

「威賽，不得無禮！這位是⋯⋯」馬可剛想介紹殿下身份，就被小殿下攔了下來。

「我是馬可的朋友，前些天我們在路上偶遇相識，今日特來拜訪。」小殿下就這麼輕描淡寫地帶過了自己的身份，給馬可使了使眼色。

「馬可，你又交了新朋友啊？」春華在母親身邊幫忙打下手，一聽有陌生人的聲音，便圍了過來。

「你好，我叫春華，和馬可一起來到京城的。」春華雙手在圍裙上擦了擦，對殿下點點頭，表示打招呼。

「威賽，猜猜今天給你們做甚麼好吃的？紅棗蒸糕！」姜大嬸端着一碗白白嫩嫩、鑲嵌着紅棗的糕點，在威賽、馬可他們的鼻子底下晃了晃，「香不香？這是我們家傳的點心配方，香飄十里不誇張！」姜大嬸瞅了一眼小殿下，笑呵呵地對他說：「你是馬可的朋友？見者有份，一塊兒來嚐嚐唄。」

沒想到這不起眼的民間小鋪裏竟有比宮裏更加美味的點心，小殿下三兩口就吃完了手裏那塊熱氣騰騰的棗糕，忍不住地咂舌。春華看着眾人狼吞虎嚥地吃着母親做的棗糕，格外高興。她的目光停留在馬可的這位新朋友身上——看着像是位富家

公子，卻沒有紈絝子弟的跋扈，年齡相仿的感覺一下子拉近了一些距離。

「馬可，我們一起玩捉迷藏吧？」春華提議道。

雖然只喊了馬可的名字，可邀請對象除了馬可、胡安，自然還有今天這位新夥伴。小殿下一聽有得玩，立刻要求加入。不一會兒，馬可、小殿下、胡安、春華等一羣孩子便在店鋪的院子裏玩耍開來，好不熱鬧。

大夥兒對宅子都熟門熟路，唯獨小殿下初次到訪，找不到藏身之處，一時間在

院子裏東張西望犯了難。春華看出了小殿下的尷尬，主動走近身旁道：「這院子的每個角落我們都藏過了，很容易被找到，要不你跟着我，我們躲在後院外面，肯定沒人能發現，嘻嘻！」小殿下毫不遲疑地答應了。

「吱⋯⋯」春華小心翼翼地打開後院的小門，努力壓低聲音，探頭往外張望。後院外的小巷向來冷冷清清，終日沒甚麼路人經過。沿着小巷往前多走幾步，豁然開

朗。姜大嬸翻墾出一塊小空地，當作自家小菜田，種些日常蔬果，又實惠又新鮮。春華和小殿下背着手倚着外牆，肩靠肩地並排站着，一邊豎着耳朵，聽院子裏小夥伴們開門關門，招呼尋人，一邊小聲地自我介紹着。春華熱情地把自己和母親是怎麼認識馬可·孛羅的，怎麼跟着商隊一路來到京城，都一股腦兒告訴了小殿下。小殿下微笑地聽着，心想，這個姑娘着實有趣，年紀不大，經歷倒不少，天南海北地闖蕩。

「走，我帶你去菜地瞧瞧，估計他們一時半會兒找不到我們的。」

春華說完了自己的經歷，想起反正到了後門小巷，乾脆帶他去自己最喜歡的小菜田瞅瞅。

「哥，我們真的就在這兒等着？」

後街胡同拐角的牆根底下，蹲着兩人，一胖一瘦，身着一模一樣的素色布衫，左顧右盼。

「嗯，頭兒說了，小殿下已經進了這戶人家，讓我倆在這兒看着。我見過小殿下的模樣，你跟着我，估計我們也就望個風吧，這兒是後門，沒甚麼動靜的。呸！」略胖的男子說罷朝地上吐了口唾沫，用鞋底擦了擦。他剛一抬頭，突然發現不遠處宅院後門溜出來兩小孩，並排靠牆聊着天。

「哎喲喂！」微胖的男子往後躲了躲身子，瞇着眼睛，仔細端詳了半天——這不就是小殿下嘛！他怎麼從後門出來了？「兄弟，我們可要立功啦！抓住那個小伙子！老大要的，就是他！」說罷，用嘴指了指不遠處聽着春華絮叨自己經歷的小殿下。

「他？」略瘦的男子確認了一下。

春華帶着小殿下往菜園子走去，殊不知身後悄無聲息地跟着兩個人。急着邀功的瘦子一陣小跑，趕到春華和小殿下面前，堵住他倆去路。胖子緊步跟上，一前一後地截住了他倆。

「你們是誰？」春華吃驚地問道。

「管我們是誰，小丫頭，這兒沒你事，我們要的是他！」胖子指了指小殿下，目露兇光。

「放肆！」小殿下自小還沒被人指着鼻子說過話，一下子漲紅了臉，「你們知道

我是誰嗎？」小殿下打量了下步步逼近的兩個人，來者不善！不知不覺便擺出了進攻的架勢。

「小丫頭你走開！」瘦子拽住春華的胳膊就勢一甩，把她拉到了身旁，又對着春華的屁股蹬了一腿，沒有防備的春華應聲倒地。收拾了春華，瘦子一記猛撲，向小殿下衝去。出拳、勾肘，自小跟隨師傅練拳的小殿下並不是空有其表的皇孫。「啊嗷……」瘦子沒料到眼前的翩翩少年居然身手不凡，被一記重拳打在胸上，立馬捂着胸口蹲在地上。

「春華，你怎麼樣？」

小殿下轉頭關心倒地的小夥伴，沒想到那胖子歹徒隨手把拴在腰間的布條解開，奮力一抖，布條展開——原來是個麻布袋子。胖子趁小殿下扭頭之際，一個箭步躥到他面前，往頭上一套，飛起一腿掃蕩，小殿下跟蹌着被裹進了麻布袋子。

「救命啊！」使不上力氣的小殿下在袋子裏掙扎。春華見狀，不顧一切地爬了起來，奮力往回狂奔，邊跑邊喊：「救命啊！來人啊！」

那邊院子裏，馬可輕而易舉地找到了胡安的藏身之處，但大家找遍了平日裏春華愛躲藏的地方，都不見蹤影。也沒見到小殿下。春華越來越能藏了，馬可心想着，小殿下肯定是跟着她一塊兒躲起來了！突然，馬可胸口的飛龍玉墜顫抖了一下，馬可遲疑地低了低頭，是墜子在顫，還是我的身子在動呀？正想着，空中飄來春華的呼喊聲：「救命啊！來人啊！」

這聲音不在院子裏！像是後街小巷……墜子動了！難道是……

馬可一個激靈：「胡安你快去喊威賽！」說罷他順着聲音衝向後院小門。一開門就和氣喘吁吁、呼喊救命的春華撞個滿懷！「快！壞人……」春華指着菜地方向，上氣不接下氣，已經說不了完整的句子了。

小殿下！

馬可腦袋瞬間空白，拼命地衝向菜園，老遠就看見兩個身材高大的男子扛着一個麻布袋子往小巷深處跑去。「你們站住……」馬可扯着嗓子大吼，往腰間一摸，糟糕！玩耍的時候佩劍不在身邊，以一敵二……不管三七二十一，馬可赤手空拳地衝上去，一把抱住胖歹徒的腰，奮力拖住他。扛着麻布袋子的胖歹徒被突如其來的小伙子攔截住，左右晃蕩了一下。瘦歹徒轉身想推開馬可，一來二去，在麻布袋子裏掙扎的小殿下，被甩落到地上。小殿下打着滾兒，趁機往外撐開口袋。

「站住！」多虧馬可把兩個歹徒攔了一會兒，伴隨着一陣紛亂的腳步聲，威賽帶着一眾夥計隨從，拿着裝備從後門奔來。

「哥！快跑！他們人多！」歹徒看情況反轉，不得不放棄此次劫持。

「該死！等着！後會有期！呸！」

前門的便衣侍衛們也跟着威賽匆忙趕到，圍繞着馬可和小殿下。侍衛們嚇得臉色蒼白，慌手慌腳地幫小殿下撣去周身的塵土：「殿下，殿下您受驚了！有沒有碰傷？小的該死，請殿下責罰……」侍衛們紛紛跪下，一旁的威賽和春華見狀，瞪大了雙眼。

小殿下活動了一下胳膊手肘，除了一些輕微的擦傷，並無大礙。他靦腆地笑了笑：「是我不好，原本不想用身份來驚動大家的。」

馬可拉拉春華的衣袖道：「威賽、春華，這位是小殿下，大汗的皇孫。」

吃驚到合不攏嘴的威賽，特別是春華，此刻大氣不敢出一聲，不知道是該磕頭作揖，還是下跪請安……春華內心像有上百張鼓一同敲響：我的天，這位是殿下！剛才我還拉着人家隨便說話，帶他出後門，差點兒被人拐了去……春華皺着眉頭，低下腦袋，不敢抬頭，也不敢再繼續聯想下去……

「沒事，我沒事！剛才還沒來得及施展拳腳，誰想他們有麻袋呢！」小殿下看見一起玩鬧的小夥伴被他身份震懾得不知所措，轉而安慰他們，「我今天便服出行，也沒帶多少人馬。你們別緊張，就當我是馬可的朋友，別一口一個殿下，我在宮裏都聽膩了……」

「那……那我們怎麼稱呼殿下呢？」平日伶牙俐齒的春華還是有點兒膽戰心驚，偷偷瞄了一眼小殿下，結結巴巴地問道。

「只要我來你們這兒，就當是普通朋友唄，喊我鐵穆耳吧。」小殿下轉身對侍衛們吩咐道，「我這趟出來是私事，所以今天發生的事情，回宮後誰都不許提！聽到沒有？一個字都不許提！」

「遵命！」

虛驚一場啊！我看着若無其事的小殿下，回想起來還是害怕！這要真有個三長兩短，中國話怎麼說來着——吃不了兜着走吧……

但是，不管是闊闊真公主，還是小殿下，他們好像都很嚮往宮外的生活。或許錦衣玉食的外表下，真的是無盡的孤獨和束縛吧？

第二章
戲曲演出

入住大都已有月餘，初來時的好奇與緊張也漸漸消散，但今日之事卻又勾起了我的興趣。

大汗召我明日進宮，邀我賞戲。

這塊神奇的土地似乎永遠也不會缺少新奇的玩意。

聽說今晚有戲看，胡安早早地就來到了店鋪。起先倒還好，他在鋪子裏左翻翻右看看，還跟着雕刻師傅像模像樣地學了會兒刻刀。但一個多時辰過去，他開始坐立難安。剛坐下喝了口茶，聽到門外有動靜，又趕忙躥到門口張望，見來人是逛店的客人，只好垂喪着腦袋一屁股坐回椅子上。

「既然你閒得慌，就去後廚幫姜大嬸的忙吧。」馬可繃着臉裝作一本正經的樣子說，「不然你這麼晃來晃去還不給客人好臉色看，只怕我家的生意都要被你趕走了。」

胡安哪裏聽得出馬可的調笑，他連連擺手道：「要是往日也就罷了，但今天可是大日子啊！承蒙大汗召見去看戲，要是到時候身上一股子的灶火味再加上滿手的油膩……」

說着他挺了挺胸，用手扯了扯衣服的下擺說：「你看，我還特意去做了一身新衣服，要是沾上了甚麼油漬水漬，我還哪有臉進宮啊！」

馬可上下打量了胡安，怪不得覺得今天的他特別精神。馬可眼珠子滴溜兒一轉，當下就明白了幾分。他湊到跟前用手肘杵杵胡安，故意大聲地說：「某人換一身行頭怕不是為了看戲吧？」

一聽這話，店裏的夥伴們齊刷刷地扭頭看了過來。胡安的臉騰地就紅了：「不看戲看甚麼？我在宮中又不認識甚麼人！唉，怎麼都這個點了，還沒有人來接我們進宮……」

這話說得要多心虛有多心虛，大家都心照不宣地笑出了聲。胡安哪裏還待得下去，連忙起身，裝作等人的模樣跑去門口。還沒到門口，就聽到門外有人發聲：「奉大汗之命，請使臣馬可·孛羅進宮。」

宮人盡責地介紹今晚的情況。馬可和胡安這才知道，聽戲可算是宮內參與人數最多的娛樂活動了，不僅大汗會和家人到場，還會請重臣偕女眷作陪。為此，在皇

宮偏角處，大汗親自督建了一個專門的戲苑。

天色漸晚，宮人便取了火摺子掌燈籠，笑說宮內用火規矩嚴，只能委屈他倆跟着這「氣死風燈」了。馬可二人自然沒有意見，倒是對燈籠更感興趣。

宮人邊走邊說：「這也是民間的叫法，因為燈身的紙上糊着厚厚的桐油，保證透光的同時又不透一絲風，要不是行走的緣故，蠟燭的光都不會動一下。傳說這燈籠可是活活氣死了風神呢。」

「所以才叫『氣死風燈』吧？」胡安插嘴道，「那有沒有甚麼『氣死火』『氣死土』啊？」

說到這兒，宮人的臉色明顯變了一下，原本和善的面容瞬間變得陰沉。馬可也不知緣由，只好讓胡安閉嘴，怕是說錯了甚麼。三人互不答話，氣氛顯得有些沉悶。

「哇！」馬可·孛羅的一聲輕歎打破了沉寂，他瞪大了眼用求助的眼光向宮人詢問道，「這，這就是戲苑嗎？簡直是個劇院啊！」

宮人只是笑而不語。

轟立在三人眼前的戲苑，是一個有點兒像「凹」字形的竹製建築，足有五六米高。供馬可一行通過的入口相當寬敞，一座三米餘寬騎樓橫亙其上。騎樓只有正對戲台的一面敞開，其餘三面用竹排遮蔽，再覆以獸皮，既可防風雨又彰顯皇家威嚴。與騎樓兩側相連的是兩個較低並向內傾斜的平台，只有頂部稍作防雨，前後通透，側面向戲台。整座觀戲樓台底部均用水桶粗細的毛竹做柱，深埋地下，像極了在西南地區見到的浮腳樓。而正面的戲台更是高出地面兩米有餘，下部完全用帷幔遮蔽，正好可以用作優伶化裝更衣之用。

兩人由宮人領着走向入口上方的騎樓，在靠右邊的位置落座。這裏視線真是不錯，整個戲台可以盡收眼底，而且離正中的主位也並不太遠，如果大汗有甚麼交代和吩咐也能聽清。

　　此時已有不少官員先於馬可二人到場，相熟的自然聊得親切；相識的，也就點頭示意。正位左右首位均已有人，宮人靠近馬可輕聲道：「左首的是文臣阿合馬，右首是武將闊戈泰，都是大汗心腹之人。」

　　說完朝馬可點了點頭，便逕自退下。馬可也是明白人，知道這兩位的身份便足夠了，多的也不便打聽，哪怕宮人真的說了，自己也未必敢聽。

　　就在馬可暗暗記下兩位重臣時，大汗已經偕一眾女眷駕臨。在眾人山呼萬歲時，馬可心中一陣竊喜，因為闊闊真公主也發現了他，朝他微微一笑。

　　待大汗正位落座後，之前那宮人再上前來，耳語道：「大汗請二位靠近一敘。」如果說之前客人對馬可的態度是幾近友善，現在可以算是恭謙有加了。大汗身邊的人，誰能不是玲瓏心。

　　「蓮香啊……」大汗向戲台的方向輕輕揮手，台上一名青衣女子緩步上前，屈身請了一個萬福。

「今兒就點一齣《白蛇傳》吧，讓外國的小使臣聽聽我們的傳說故事可好？」大汗雖是問句，但語氣裏哪裏有商量的意思。只見台上名喚蓮香的女子又一個萬福，退下後台準備去了。

料到馬可肯定不曉得「白蛇」的故事，皇后娘娘朝馬可微微一笑，緩緩說道：「馬可·孛羅，這《白蛇傳》講述的是一個蛇和人的愛情故事，想必你未曾了解，就讓闊闊真公主為你解釋一二吧。」

一邊看台上的優伶水袖舞動，一邊聽着公主一點點將劇情推開，馬可的眼眶慢慢濕潤了：白蛇因為前世的因果，在今世變成美女白素貞，與公子許仙相愛。可惜幸福的生活總是很短暫，白素貞遭惡人陷害，顯露真身，嚇暈了許仙。昏迷的許仙只能靠靈芝草才能救活。為此，白蛇冒死去仙山奪取靈芝草，救活了許仙。怎奈人與蛇的愛情聽起來很美好，當真發生在世間，卻要經歷萬般劫難。甦醒後的許仙，知道與自己朝夕相處的愛人是蛇精後，經歷了一次次思想鬥爭，仍無法和白蛇繼續生活。

當扮演白素貞的蓮香最後唱道：「怎奈何，怎奈何？怎奈何！」三聲泣歎，一聲引人思，一聲發人醒，一聲催人淚時，馬可再也忍不住了，緊緊咬住了下脣，如斷線珠子般的眼淚奪眶而出。

哭成淚人的馬可把一旁的大汗、皇后娘娘和闊闊真公主嚇了一大跳。知道他是被劇情感動時，眾人唏噓不已。沒想到他如此入戲，更沒想到一個外國人能如此認同華夏文化。

大汗讚賞地點了點頭，和皇后娘娘耳語道：「這個年輕人還不錯，若真是堪用之才，朕倒是想試試他。」

公主聽到了幾句，暗暗吃了一驚，父皇這麼看中這小子！不過既然大汗沒有把話挑明了說，公主也不會貿然告訴馬可，只是在心裏也把他高看了幾分。

等大汗示意戲罷退席，闊闊真公主趁人不注意，把馬可領了出去。

「公主殿下，我們要去哪兒啊？」馬可一臉茫然，他還想去後台看看那些優伶呢。雖然唱腔他不太聽得懂，但藝術是相通的，他早已被這中國戲曲迷得分了神。

「怎麼，還沒聽夠戲是不是？」公主一笑，看穿了馬可的心思，「喏，你看，這是甚麼？」說罷，掏出一柄團扇。

此刻正是玉蟾高升之時，皎白的月光給御花園披上了一層薄薄的銀紗。公主將團扇舉在眼前，剛好遮住半邊面龐，若即若離地看看馬可。馬可不由得看愣了。

發現馬可呆住的目光，闊闊真公主有些羞赧。

馬可意識到自己的失態，尷尬一笑：「啊，這扇子上畫的好像是白蛇？」

公主微微一笑，沒有回答。兩人就這麼走到一處水畔，公主停下了腳步。

「你覺得這御花園漂亮嗎？」闊闊真公主打破了僵局，將扇子拿在手中，舉到兩個人中間。

沒等馬可答話，公主顧自說道：「我就像是這御花園，人人都覺得羨慕，覺得生在此中，應是無比的福分。只有我知道，其實我更像是這扇中白蛇，無論錦緞多麼柔滑，刺繡多麼精美，但只得這方寸之地，囿於其中，不出這扇骨的方圓。」

「我真羨慕你，你生在遙遠的國度，像自由的鳥一樣，想去哪裏都可以，沒有百般教條規矩框住你，更沒有成羣的侍從跟着你。開心了你可以和夥伴們把酒言歡，煩悶了可以對着汪洋吶喊……有道是：『妾身本是白蛇縱邀遊，卻牽絆因果人世間。』」

公主最後這兩句唱的，正是《白蛇傳》中白素貞被許仙拋棄後泣聲控訴這天地不公的唱腔。個中幽怨與哀愁，在公主百轉千迴的腔調裏，展現得淋漓盡致。

馬可聽得癡了：「真好聽，公主你唱得真好聽，比那蓮香唱的好聽一百倍！」

「呔，就你油嘴滑舌。」闊闊真公主佯怒，心中卻暗喜，總算會誇人了。

「其實我喜歡唱，更喜歡跳。」說着，公主提起衣袖，蓮步輕移，擺了個造型，「只是在這宮中，哪裏會讓我這樣唱得、跳得。」想到這兒，公主不由一聲哀歎。

馬可也不知道說甚麼安慰的話好，只能陪着公主一起沉默。

「好了，時辰不早了，晚上宮裏是不能逗留的。」公主將團扇收回懷中，「也不知今天是怎麼了，竟和你說了這麼些亂七八糟的，你權當是一齣戲，聽過便罷了吧。」

「公主若是願意說，下回進宮，我還來聽。」馬可表情認真，清澈的藍眼睛裏，好像有一汪清泉，透至內心。

「那就等你下回進宮接着聊。」公主學戲裏那樣道了個萬福，施施然離去。

一路回想着公主說的那些話，馬可不知不覺走出了御花園。直到被人拍了一下肩膀，才發現胡安站在自己身旁。

「咦？甚麼時候宮裏開始掌燈了？」突然身邊傳來胡安的聲音，把馬可嚇了一跳，「怎麼了？我都跟着你走一路了，別告訴我你才發現我。」

「哦，晚上的戲太感人了，我還沒緩過神來。你剛才說甚麼？」

「沒甚麼，不過你看那邊兩個人！」胡安伸手朝不遠處一指。

順着胡安指的方向，馬可看到兩個身着宮廷制服的人。初看也沒有甚麼，但仔細一看，那兩人不像宮裏人走路，不住地左顧右盼，彷彿是在尋找甚麼，又或是在躲避甚麼。

「借問一下……」兩個人一路小跑攆了上去，馬可先開了口，「兩位是負責掌燈的嗎？」

見問話的是金頭髮藍眼睛的人，那兩個身穿宮衣的人愣了一下。緩了會兒一人才說道：「哦，哦，是啊，你看，我們都帶着腰牌的。」說着一人掀開一點兒衣襟，露出懸在腰帶上的宮內令牌。

誰知隨着令牌一道露出的，還有一截黑色的引線。

「不好！被發現了！」

那兩個宮人一看馬可發現了線頭，知道已經敗露，不顧身邊的馬可二人，快速掏出一捆東西，並用火摺子點燃引線，拋了出去。

一時間火光大盛。不僅是在這裏，遠處也能明顯看到好幾處竄起的火頭。

馬可被這場面嚇了一跳，但宮內的侍衛立馬行動起來。隨着一聲聲高喝：「走水啦！走水啦！」救火兵丁們蜂擁而出，或是拿着水囊，或是從宮殿前貯水的大缸 —— 門海裏用木桶舀水，傳遞着開始滅火。

就在這時，馬可感覺懷中一陣火熱，幾乎要燙到皮膚了 —— 是飛龍玉墜的警示，可是……

「快！公主的寢宮也走水了，你們幾個趕緊去救公主殿下！」

身旁跑過的一個小首領模樣的人心急火燎地向幾個救火兵丁下令。

「糟糕，玉墜向我預警公主遇險了！我真笨，怎麼都沒想到呢！」雖有心自責，但馬可也知道現在不是自責的時候，連忙拔腿就朝公主的寢宮跑去。

剛靠近公主的寢宮，馬可就被撲面而來的熱浪嗆得幾乎喘不過氣來。殿外圍着一圈又一圈的救火兵丁，不停地向宮殿方向丟着水袋水囊，還有一條人龍一桶接一桶地傳水過來。

「闊闊真公主呢？有人看到她嗎？她出來了嗎？」馬可逮到人就問，但一連問了好幾個，都說火太大了，根本沒看到有人出來。

兩人才分別不到一頓飯的時間，此時卻被烈焰分隔，馬可頓時覺得心像被放在了油裏煎一樣。

「不！只要還有一線希望，我就不能放棄！」馬可對自己說。稍一定神，馬可三下五除二脫掉了身上的衣裳，又搶過一桶水，把衣服浸透。用手將一隻浸濕的袖口捂住口鼻，把整件衣裳披在頭頂後，衝進了火海。

宮殿大門早已被大火焚燒得支離破碎，用肩一頂就化作了火星紛飛。馬可倒是有心喊，但濕袖僅能稍稍抵擋火舌的熱浪，吸進的空氣依舊燙得胸腔哼哧哼哧作響，哪裏還能發出喊聲。

不過也是馬可命好，在殿內誤打誤撞了小半圈，居然一頭撞進了公主的寢宮。此刻公主已經癱倒在地，身旁的侍女都不省人事了。

馬可拽住公主雙臂用力搖晃了好幾下，但公主沒有任何反應。來不及去想那些可能發生的事情，馬可將披在身上那件浸濕的衣裳取下，因為被高溫炙烤，表層已經熱得燙手，只有內層還勉強稍涼。馬可將公主整個身體用衣服緊緊裹住，顧不得自己完全沒有任何保護，用不知哪裏來的力氣，橫着抱起闊闊真公主。

正當他打算穿越火海原路返回時，正殿傳來一聲巨響，緊接着一股洶湧的熱浪裏挾着熊熊的火焰湧進寢宮。

糟了，房樑被燒斷了，出不去了！馬可心裏敲着鼓，這是在和時間賽跑，更是和生命賽跑。再不出去，且不說寢宮的房樑還能堅持多久，就算能堅持住，懷裏的公主可堅持不住了。

這時懷裏傳來了一絲涼意，肯定不是公主的溫度，唯一的可能就是玉墜。

「難道，還有一線生機？」馬可強迫自己鎮定下來，稍一打量，發現牀邊有一扇不算太高的窗，通向御花園。

　　人在置之死地時，往往會爆發出難以想像的力量。馬可雖然身形矯健，卻遠不如威賽那般壯碩，不過此刻的他居然懷抱着公主一腳將書桌踹到了窗前，噔噔兩步就翻身到了桌上。馬可確認了下窗口距離屋外地面的高度，緊了緊懷裏的公主，飛身躍出了窗。在落地前，他刻意調整了一下姿勢，轉了半圈。

　　「咚」的一聲，兩人重重落地，準確地說，馬可背部着地，而公主只是摔在了馬可的胸膛上。

　　不知道過了多久，也不知道是誰先發現了他倆。馬可只知道當他睜開眼的第一感覺，是胸膛裏有熊熊的烈火，每一口呼吸彷彿都能噴出火來。眼皮像是被燒化了一樣黏在一起，每一次試圖睜眼，都疼得他流出淚來。直到有人給他餵了足足兩囊水後，他才能說出第一句話來：「公主呢，闊闊真公主在哪兒？」

　　「說好了等你下次進宮再見的，怎麼就這麼迫不及待要來見我了？而且還是夜闖寢宮。你可知這是死罪？」

　　熟悉的聲音從自己背後傳來，準確地說，是從自己後腦傳來。措辭嚴厲，可聲音卻柔軟得像在說「歡迎回家」一樣溫暖。

「公主，你是闊闊真公主？太好了，你沒事，太好……」卸下了心中的重擔，馬可像是抽空了身體裏的最後一絲力量，重又昏迷了過去。只是微微上翹的嘴角，不會讓人以為他有生命危險。

「真是傻子。把濕衣服都給我披了，自己卻燒成這樣，可惜了這一頭金頭髮……」公主最後的聲音漸漸低了下去，眼眸裏藏着一絲不易察覺的淺笑。

　　我不知道在昏迷的時間裏發生了甚麼事情，聽說胡安配合闊戈泰將軍去緝拿縱火犯，卻讓人溜了。

　　我更不知道阿合馬大人將勇救公主的行為，說成是自己和我商量後的結果。

我只知道這一覺睡得很舒服，還夢到了白蛇和許仙，不過夢裏的主角們並不相識，只是過着各自的生活……

第三章
夜襲天文

無論何時，只要你抬起頭，就與我同看一片星空。

　　離開威尼斯已經很久了，不知道此時故鄉的多娜塔、賈科莫……是否也和我一樣，望着星空，無法入睡？

　　隔壁屋子裏傳來父親的鼾聲，馬可還是覺得有些恍惚。已經過去了這麼久，但這還是像一場夢。盼了這麼久，曾經已經以為遙不可及的父親，就睡在隔壁；而從小青梅竹馬的小夥伴們，早已遠隔重洋。馬可躡手躡腳地起了身，披上外套走出了屋子。

　　站在如水夜色裏，星光如水銀般瀉了一地。在等待父親歸航的無數個夜晚，馬可都是這樣和漫天的星星度過。雖然叫不上它們的名字，但每當抬頭看到頭頂這一片星河，馬可彷彿就回到了遠在威尼斯的家中。賈科莫、多娜塔，你們還好嗎？

　　馬可想着想着，不知不覺就走到了街上。夜已經深了，街上行人寥寥無幾，除了遠處皇宮方向依然有零星燈火，整個大都彷彿都已經被夜幕遮蔽。

　　「小友，莫不是也在賞星賞月？」

　　馬可一驚，完全沒發現身後站着人。他連忙回頭，身後是一位老人，正笑盈盈地看着他：「沒曾想驚着小友了，罪過。」

　　見來人不是甚麼兇惡之徒，馬可也定下神來，學着當朝的禮儀，拱了拱手說道：「老人家，我只是有些睡不着，出來透透氣罷了。」

　　「年輕的時候，這顆星還在偏東的位置，現在已經走了有，嗯……約莫半寸的距離了。你可知道為甚麼嗎？」

　　老人哈哈笑了兩聲，將右手從袖中伸出，比劃了一下指向天空中某處。

　　馬可抬頭順着老人手指的方向看去，漫天的星河，哪裏知道老人家在說哪一顆。馬可茫然地搖了搖頭。

　　「哈哈，都說丹心可表，蒼天為證。可誰知道，連天上的星星也是整日遊蕩，只不過遊蕩得慢了，慢到幾十年也察覺不了。」老人重又把手縮回袖子中，慢慢搖了搖頭，「我看了幾十年的星星，幾乎一輩子的時間都在觀星，可還是看不透，看不懂。」

「星星就是星星，有甚麼懂不懂的？」

老人家也不以為忤，頗有深意地看着馬可說：「想必小友就是遠方來使馬可·孛羅吧？」

馬可一愣，沒想到對方居然說出自己的名字。但轉而一想，在大都裏金頭髮的人估計只有幾個，對方能猜到也不算意外，便也釋然了：「老人家怎麼稱呼？」

「老朽姓郭，小友喊我郭老便可。」

「郭老，照您剛才所說，星星哪有甚麼懂不懂的？莫非裏面還有甚麼玄機？」馬可第一次聽說星星裏面還有講究，自然想要問個清楚。

「呵呵，今晚相識也算有緣。不如明晚此時，你我相約司天台，再與你細細解釋一番可好？」

司天台？那是甚麼？聽起來像是看天的地方，正當馬可開口追問時，伴隨着一

陣顫動，胸中傳來一股溫熱。是玉墜在給自己示警！

　　雖然沒有燈火的照明，但萬里無雲，夜色涼柔，只見兩個蒙面人漸漸從樹影下朝馬可和郭老走來。

　　「既然眼前就是郭老，那我們也明人不說暗話了。你懷中的那封信，我們兄弟二人倒是想借來看看。還請郭老成全。」

　　說着，那二人便快步朝郭老走去，手朝郭老懷中伸去。這哪裏是借，分明是搶！

　　「住手！」馬可大喝一聲，同時把手握在了腰間。幸好，自從上次小殿下險被劫持，馬可的佩劍幾乎不離身。

　　馬可一聲大吼，把兩個蒙面人驚了一下，手中動作遲疑了片刻。但僅僅是幾秒鐘的時間，那兩人看清眼前不過一老一少，哪怕少年手執佩劍，想來也不會是他們二人的對手。何況他們的目的不過是一封信。

　　看清局勢，蒙面人互相使了個眼色，便一左一右分別朝馬可和郭老衝來。

　　也不多做猶豫，馬可道了一聲「郭老小心」，便舉劍迎向蒙面人，叮叮噹噹交起手來。

　　蒙面人目的非常明確，這邊只是和馬可纏鬥，刀劍相交也只是一觸即退。而另一邊的局勢就是一邊倒了，郭老本來就不是舞刀弄劍之人，而且年齡大了，哪裏是

年輕力壯歹徒的對手？沒過兩個回合，郭老就被歹徒推倒在地。

馬可正愁分身乏術沒法過去幫忙，就聽那邊的歹徒一聲呼哨，朝這邊招了招手。只見身前的歹徒故意漏了幾個破綻，佯裝不敵，身子一矮脫身而去。

馬可本想追上去，但看郭老依舊倒地不起，只好放棄了追兇的念頭。

「郭老，您沒事吧？」馬可小心地將老人扶坐起來，身前身後打量着。

郭老緩了半天，終於勻上來一口氣。他慢慢坐直身子，突然想到了甚麼，手伸進懷中，摸了半天，重重地歎了口氣：「唉……還是弄丟了。」

「甚麼丟了？」

馬可有點兒丈二和尚摸不着頭腦，不過看樣子人沒事，那就好。

老人顫顫巍巍站了起來。慢慢地，馬可才從郭老口中知道，原來這封信來自宮內，皇后娘娘明晚會去司天台拜訪。

「只是一封信，我想應該沒太大關係吧。明晚您讓皇后娘娘多帶些隨從護衛，應該沒有大礙。」事到如今，只希望亡羊補牢為時未晚了。

「小兄弟，剛才看你身手不凡，而且你也知道了前因後果，明天……」

馬可當然知道郭老的意思，當下答應了下來：「和老先生本就有明日之約，到時候我一定做好準備，不讓壞人得逞。」

第二天夜裏，位於城角的司天台難得熱鬧了起來，平日裏這兒多是寡淡和寧靜。如果不是今晚有貴客來訪，周圍地面的這些篝火是絕對不會點燃的。

「只有在絕對的黑暗中，才能看到更璀璨的光明，預知更遙遠的未來。」郭老見馬可對那些篝火很是好奇，便笑着對他說，不過並沒有多做解釋。

沒過多久，遠遠地就看到皇后娘娘的輿轎在眾多隨行的護衛下，來到了司天台前。

「恭迎娘娘！」

在眾人山呼千歲聲中，皇后娘娘從轎中款步而來。

令人意外的是，闊闊真公主居然也在皇后娘娘的隨行隊伍中。自從宮中大火一別之後，馬可就沒有再見過公主。此刻相見，心中百感交集，說不上來是甚麼樣的情愫，只覺得心怦怦跳。

公主也早在人羣中發現了馬可・孛羅，頷首微微一笑，就攙着娘娘，跟隨郭老進

入司天台內。

　　顯然昨日密信被盜之事宮中已經知曉，當眾人都走進司天台後，門外就被護衛緊緊圍住，水泄不通。

　　馬可以為司天台只是觀測星空，直到踏入司天台內，才知道自己小瞧了這裏。

　　首先映入眼簾的是一台高達四五米的近乎純金打造的儀器。從外觀來看，有些像櫃子，因為下半部被木質箱體整個包裹住，而上半部有些像大型燈籠的造型，也像走馬燈。正當他在好奇這是甚麼物件時，這個奇怪的櫃子突然發出了聲響。

　　櫃體一角的金質小人自己動了起來，揮着手中的錘子開始鳴鐘。與此同時，「走馬燈」中的木人也開始了轉動，手執「酉時」牌子的木人轉到了正中。

　　這一幕景象把馬可驚得目瞪口呆。他睜大雙眼，先看看郭老，郭老只是笑而不語；又轉頭看向皇后娘娘，娘娘的驚訝不亞於馬可，只是宮廷的教養不允許她如馬可一樣大驚小怪；再看向闊闊真公主，咦，公主去哪兒了？

　　「啟稟娘娘，這件便是老臣耗時數年設計出的流水計時器，不知娘娘可滿意？」

　　郭老對眾人吃驚的表情很滿意，捋了捋鬍子相當悠然。

　　經歷了最初的驚訝，娘娘已經很好地掩飾了自己的情緒，讚許地點了點頭：「郭太史真是能人，本宮還從未見過設計如此精巧的物件，不知名喚為何？」

　　「未曾取名，正待娘娘賜名。」郭老恭敬地躬身行禮。

　　「其形如燈，其中流水，那就取名『燈漏』吧。明日搬回宮內，再讓大汗論功行賞。」皇后娘娘顯然很喜歡「燈漏」，前後轉了好幾圈打量着，「郭愛卿，不知司天台

內還有多少精巧神器？」

這也正是馬可想問的，昨夜與郭老偶遇，只以為是一個同好星空的忘年交，沒想到他居然是司天台的人；本想司天台可能也就是一個普通的官衙，沒想到郭老居然是太史！而且還發明了如此精巧的計時機械。

「娘娘請隨我來。」郭老躬身道，「燈漏不過是奇技淫巧，真正的規則乃是日月星辰的運行。老臣所製簡儀、玲瓏儀方為大乘，可辨星辰，分四季，斷旱澇，製新曆。」

跟隨郭老以及皇后娘娘進入司天台頂層，馬可再一次震驚了。

樓下的「燈漏」他還能大致看出是計時的物件，但擺在這裏的一件件儀器，除了能看出設計之精巧，環環套嵌，彼此又能互相旋轉之外，完全看不出這些東西的用處。

皇后娘娘倒是饒有興致地聽郭老滔滔不絕地介紹，還時不時打斷一下，請教這些觀星儀器能否斷凶吉、卜災禍。可惜這些實在超過了馬可的理解能力，他稍微聽了一會兒，就覺得頭腦發脹、昏昏欲睡。

終於，馬可看到公主的貼身侍女慧心正偷偷向他示意，讓他去後院。

「嘿，在看哪兒呢？」

正當他探頭探腦地尋找公主的身影時，肩膀被人輕輕拍了一下。

不用回頭，馬可就知道是闊闊真公主，只有她的聲音會如泉水叮咚般好聽。

馬可回過頭，滿天繁星投影在公主清澈的黑眸中，一時間讓馬可有些恍惚，忘了自己是在看星空，還是看公主的眼睛。

「再不說話，那我可回去了。」公主嗔怪道。

「不不，尊貴的公主。是你的眼睛太美，讓我一時失了神。」馬可‧孛羅不知道該怎麼解釋，慌亂地比劃着，「我沒想到今晚你也會陪皇后娘娘來，要知道娘娘的行蹤已經被歹徒知曉，可能會有危險，我怕……」

「不是有你在嗎？」公主俏皮地一笑，「你會保護我的，對嗎？」

馬可自然不會在這時候犯慫，一拍胸脯答應了下來：「為公主殿下赴湯蹈火，在所不辭！」說着還晃了晃腰間的佩劍。

兩人不約而同安靜了下來，又不好意思各自背轉身去。

悠悠地，馬可聽到身後傳來公主的哼唱，歌詞不是他熟悉的文字，曲調也不曾聽過，但那婉轉曲折的音調，讓馬可感覺回到了故鄉，回到了海鷗和浪花的懷抱。

等一曲終了，馬可才忍不住開口：「真好聽，公主你剛才唱的是甚麼歌，讓我找

到了家鄉的感覺。」

「我的故鄉，在草原之上，剛才唱的，是草原的民歌，也是故鄉的聲音。」

公主的聲音很平靜，彷彿是在講述一個別人的故事。

此時的夜空，很應景地閃過一道銀光。

「是流星！」馬可·孛羅和闊闊真公主異口同聲道。

「是個好兆頭呢！能看到流星的人，會有好事發生在他身上。」闊闊真公主認真地看着馬可，流星映在他的眼眸，似乎想讓這一刻定格。

馬可微笑道：「在我的家鄉，流星是代表遠方的問候，是有人在想着你呢。」

一樣的流星，兩樣的心思，誰也沒有說破。

身後傳來的腳步聲，讓少男少女把各自的心思又藏回了肚裏。

「那依太史的意見，這些精儀巧器之中，哪一樣是最精準、最無可代替的呢？」從皇后娘娘的語調裏不難聽出，她對今晚的司天台之行甚為滿意。

郭老依舊是那副不緊不慢的樣子：「皇后娘娘，這些身外之物無論工藝多麼精湛，設計多麼精良，無非都是死物，既為死物，何來無可代替。能源源不斷創造精儀巧器的，正是此項上之物，方為天下絕倫，無可替代。」說着，他用手指了指自己的腦袋。

聽聞此言，在場所有人都忍不住頻頻點頭，無不折服於郭太史的智慧和幽默。

這時，外面傳來了陣陣喧嘩。不一會兒，胡安和春華在幾名侍衛的陪同下急匆匆走了進來。從他倆的臉上，看出了內心的焦急。

「皇后娘娘，闊戈泰將軍派人來保護娘娘，讓娘娘速速回宮。我倆先行了一步，讓娘娘即可動身。」胡安上前行禮，壓低了聲音，目光警惕地掃向在場的眾人。

想來應該是昨日毛賊行竊的消息引起了將軍的重視。娘娘出宮本就是大事，如果再以身犯險，不出事則已，要是出一點兒岔子，誰都擔待不起。

皇后娘娘畢竟見過大場面，聽了胡安的話，故作輕鬆地面向郭老：「時辰也是不早，本宮不便久留，今日到訪，倒真是長了見識。改日再來向郭太史討教。」說完，示意隨行的丫鬟侍女起駕回宮。

馬可依依不捨地將皇后和公主送至門前，忽然胸口傳來一陣溫熱。

「不好，難道要出事？」

不祥的預感閃過腦中。馬可警覺地看向四周，除了郭老以及他的屬下，只有娘娘和公主的隨從，並無他人。如果是這些人要動手，剛才在司天台裏就能得手了，何必要來回折騰。莫非是回程的路上會有危險？

當他的目光掃向轎輦的轎夫時，胸口的玉墜猛烈地顫動起來！

是轎夫！儘管沒有證據，但已經被玉墜救了無數次的馬可絲毫不會懷疑玉墜的判斷。他悄悄給胡安和春華使了個眼色，朝轎夫的方向努了努嘴。

胡安心領神會，一步向前攔在準備上轎的皇后身前：「你們幾個，是甚麼人？」

「天氣這麼好，你們從宮裏怕不是蹚着泥水過來的吧？」春華指着那些轎夫的鞋子。

一聽這話，闊闊真公主也湊了過來，看着轎夫沾滿泥水的腳，忽然抬起頭來：「不對，他們不是剛才的轎夫！宮裏出來的轎夫，怎麼可能滿腳的污穢。你們究竟是誰？」

這顯然打亂了賊人的計劃。幾名轎夫互相對視了一眼，二話不說，從身後拔出短刃就朝皇后和公主撲來。

一切發生得太快，隨行的侍衛哪裏會料到危險竟然在眼皮子底下，完全沒有反應過來。只有距離最近的馬可、胡安和春華才來得及行動。

雖然年紀小，但一路東行遇險無數，早就不是當初的小毛孩了。他們當機立斷，挺身而出先護住了皇后娘娘和公主，隨即拔劍而上，與七八名歹徒戰作一團。

對方人數佔優，且有備而來，馬可三人節節敗退。他們只有一個目的：就是拖下去！只要拖到闊戈泰將軍的人來支援，就是勝利。

正在三人奮力拼搏之時，只聽身後司天台內傳來郭老的喊聲：「小友，閉眼！」

雖然不明就裏，但兩天的相處，郭老的智慧和為人都讓馬可對他深信不疑。

胡安和春華同樣對自己的夥伴有着無比的信任，哪怕刀劍在前，也還是閉上了眼睛。

此時的歹徒正好面對司天台方向。說時遲那時快，只見司天台射出一道強烈的光線，把漆黑的夜照得如同白晝一般，又筆直地朝着幾名歹徒而去。

歹徒哪裏料到這些，突如其來的刺眼光亮，讓歹徒們像是雙目直視了太陽一般，瞬間眼淚直流，無法睜眼。

這邊的動靜早已驚動了巡防，一陣金鐵相交聲響起，從遠處跑來一隊人馬。正是闊戈泰將軍的副將帶領着一支騎兵隊拍馬趕到。隨他而來的，還有幾名布衣。

「就是他們！他們擊暈了我們，換上了我們的衣服，喬裝成轎夫！」一名布衣指着正捂着眼睛流淚的歹徒喝道。

一聽這話，眾人心中都對事情的始末有了大致了解。原來是歹徒從昨晚搶到的信中得知了皇后娘娘的行程，提前設置埋伏。趁娘娘進司天台，外部防禦虛弱時，替換真正的轎夫，回程時也是防禦最容易出現漏洞時劫持皇后娘娘及公主。

面對真正的鐵騎，歹徒的抵抗就顯得多餘，沒費甚麼功夫，紛紛束手就擒。

看着歹徒反剪雙手被押走，皇后娘娘的臉色才變得好看一些。這時郭老也從司天台內走了下來，他剛才折騰出來如同白晝的亮光，引起了眾人的好奇。

郭老有點兒神祕地說：「其實也沒甚麼，只是怕說出來嚇到大夥兒。」他頓了頓，繼續說道，「那東西你們也都見過，叫磷，也就是通常說的鬼火。只是我特意研究了一下，專門製作了一些用來照明。剛才情急之下，想到觀星時多燒了些，又用好些銅鏡反射了光線，光亮聚集在一處，自然亮如白晝。」

在場的眾人哪怕是做好了心理準備，還是被郭老的大膽行為嚇了一跳，同時不禁被郭老的淵博學識所折服。

將皇后娘娘和闊闊真公主送入宮門，我那懸着的心才算放了下來。

　　看着巍峨的皇宮，想到公主說她的人生如同被扇骨囚禁的團扇，回想她夜鶯般的美妙歌喉和今晚轉瞬即逝的流星，真想帶她出宮去，自由自在地去歌唱和舞蹈……

第四章
尋覓學堂

自從去過了司天台，我就多了一個忘年之交——郭守敬太史。

平日裏一得空，我就向郭太史學些天文觀星術，郭老總是很耐心地給我講解各種星宿運行規則和朗朗乾坤中的各種道理。

胡安和春華也時不時陪着我一塊兒去司天台，但是很顯然，春華作為一個姑娘家好像對這些星星月亮的事情並不怎麼感興趣。

天氣漸漸炎熱起來，好動的馬可也不太愛往外跑，只是在店鋪周圍轉悠。

「在杭州的小橋上，四個漁夫排成行，戴斗笠的樂呵呵，披蓑衣的唱着歌……」一大清早，馬可就聽到後院傳來寒兒的聲音，像是中國的兒歌，很有韻律。馬可揉着惺忪的睡眼下了樓，發現寒兒正一句句哼着歌，並隨着節拍對着牆根踢球。那皮球和故鄉的好似也不太一樣。

好奇心上來了，還哪裏顧得上甚麼天熱。馬可三兩步就湊到了寒兒的跟前。

這球是用牛皮縫的，四五片裁剪整齊的黃褐色牛皮看上去是被鞣過，寒兒踢上去裏面沙沙作響，不算輕巧，但踢起來也不費甚麼勁。

「這是甚麼？我怎麼沒見過。」

趁寒兒把球踢歪了，馬可跑上去幫她撿起球，在手上掂了掂份量。

「裏面裝的是米？」

「這叫蹴鞠。」寒兒看到馬可來了，點了點頭算打了招呼，「據說裏面裝的是糠麩，你整天往宮裏跑，自然是沒見過這些市井的小玩意。」說罷瞥了馬可一眼，好似笑話他不接地氣。

馬可也不以為惱，很快就學會了寒兒的兒歌，有樣學樣地和她對踢起來。沒多一會兒，他倆髮根鼻尖就沁出汗來。

不得不說馬可這方面的確有天賦，才接觸了幾下，就踢得比寒兒好了。小球在他腳尖上下翻飛，還能踢個高球從頭頂掠過又用後腳跟給踢回來。寒兒氣得直抱怨不想和他玩了。

踢着踢着馬可肚子餓了，他用袖子擦了擦額頭的汗，把球踢給寒兒，一轉身到了後廚。

　　馬可拿了塊早上剛出爐的點心塞進嘴裏，還沒嚥下肚，就見姜大嬸斜靠着灶台輕歎。

　　從見到馬可的第一天起姜大嬸就格外喜歡這孩子，性格開朗活潑，還助人為樂。最重要的是她做甚麼馬可都愛吃。但今天卻真的高興不起來。

　　「姜大嬸，怎麼了？」

　　姜大嬸笑了笑搖搖頭，只示意馬可多吃點兒。可她滿面愁容，讓馬可也吃不痛快。

　　好容易把嘴裏的棗糕嚥了下去，又咕咚咕咚喝了幾口水，抹了抹嘴，馬可走到姜大嬸跟前，學街上算命的那樣看了看她的臉，又閉上眼在手指頭上胡亂掐了幾下：「姜大嬸，我知道了，春華妹妹又惹你不開心了，對不對？」

　　撲哧一聲，姜大嬸被馬可這神神叨叨的樣子逗樂了，隨即愁雲又聚上眉頭。

　　「你說這姑娘，整天和我吵着要去學堂，說甚麼都不聽。本來還在我腳邊轉來轉去給我打下手，現在倒好，整天瞧不見人。一個姑娘家像甚麼樣子。」

　　「去學堂？這不挺好的嗎，我看小殿下和闊闊真公主，他們都有專門的太傅教導，知書達理，沒甚麼不對啊？」

　　馬可不知道姜大嬸究竟是為甚麼而發愁。

「人家是人家，那是皇親，我們怎麼能比？都說『皇帝女兒不愁嫁』，還說『女子無才便是德』，哪有尋常家的姑娘跑去學堂讀書的，傳出去不得被人笑死；而且，你說學這些幹甚麼，難道還要去考功名？女孩子終歸是要嫁人的，她要是去學這些，以後誰敢娶？沒唸過書的怕攀不上，唸過書的更看不起，就沒聽說過女孩子去學堂的呀。要我說，就跟着我好好學廚房裏的這些，以後到了夫家也拿得出手。」

姜大嬸的理論一套一套，把馬可說愣了。好一會兒才轉過彎來：「那春華說她要去哪家學堂了嗎？」

這一問反倒把姜大嬸給問住了，支支吾吾了好一會兒。

「好像也沒和我說，我也沒問。不過哪家不都一樣，莫非還有教廚藝的學堂不成。」

馬可一聽，知道有戲，他打心裏支持春華，畢竟學東西嘛，有甚麼高低貴賤的。嫁不嫁人和有沒有學識，八竿子打不到一塊兒。

「那這樣吧，姜大嬸⋯⋯」馬可又揀了塊棗糕塞進嘴裏，一副好吃得不得了的表情，「我陪春華妹妹去學堂看看吧，如果真不行，我保證把她給勸回來。反正去看看，身上又不會少塊肉。」

姜大嬸本來繃得緊緊的臉被馬可這副表情逗樂了，也找不到甚麼理由拒絕，只好點了點頭默許。

「真的？娘，您同意了？」

突然從窗外探出個腦袋，嚇得馬可差點兒沒把嘴裏的棗糕噴她一臉。春華一骨碌從窗口跳了進來，抱住母親就是一陣膩：「都說娘親的手藝好，我看娘親的心才是

真的好！」

春華心儀的學堂說遠不遠，說近不近，出了城再往西南方向走上幾里路，有一座小山。據說學堂就在山上。

馬可雖然不解為甚麼學堂會在半山腰，但既然答應了姜大嬸要去實地考察，就胡亂吃了些東西，又帶上一些乾糧，陪春華上路了，權當是去郊遊。

城裏已經是灼熱逼人，但一進山中，暑氣就退了大半。此起彼伏的知了聲，伴隨着風掃枝頭的沙沙聲，幾乎讓二人忘了此行的目的。要不是出現在眼前的一扇山門，他倆還真就忘了是來探路的。

山門依山而建，兩側延伸出去的圍牆，有一半都沒入岩壁。門匾上龍飛鳳舞地寫了幾個古體字，馬可只能勉強認出一個「學」，其餘的連蒙帶猜還是沒有一點兒頭緒。

正當二人在努力認字的時候，門「吱呀」一聲開了。出來一位白鬚的老人，手裏拎着柄竹掃把。老人看見馬可二人，呵呵一笑：「算到今日會有有緣人，既然來了，何不入內一觀。」

馬可和春華對視一眼，本就是來看看這學堂的，自然沒有站在門外看的道理。他們道了聲謝，便跟着老人進入內裏。

從外看，這山門並不起眼，比起大都城內的任何一處王府，都顯得小家子氣。但一入門內，馬可才知道甚麼叫別有洞天。齊刷刷的兩排杉樹，高聳入雲，中間行人道，足夠馬車奔馳。左右兩排屋舍整整齊齊，白牆紅瓦間，陣陣墨香。

看着馬可驚訝的表情，老人只是呵呵笑着，眉眼之間透出睿智的光芒。

「老人家，在下馬可・孛羅，來自遠方威尼斯公國，這位姑娘是同行的夥伴春華，今日來的目的是……」

不等馬可說完，老人擺擺手，也不回身：「你們來的目的我能猜出幾分，等二位參觀完之後，再說不遲。」

雖然有點兒奇怪，但至少能看出老人沒有惡意。馬可示意春華跟着自己，進去看看。

行至杉樹道的末端，又有一扇門。這扇門就高大威嚴得多，看上去也更厚重，

門上鋪首銜環像是豹子頭，又有些像獅子。這種看上去玄乎又有幾分講究的東西，讓馬可不由得敬畏幾分。

看老人沒上前開門的打算，馬可以為是老人在等他主動開門。還沒等馬可伸手去拉門環，就聽門內一陣咚咚鼓聲。嘩啦啦，門從裏頭被猛地撞開，一排排光頭男孩跑了出來。

馬可連連後退幾步讓開身形，和春華一起不解地看向老人。老人家沒有搭理二人，只是待孩子們都出來後，啪啪拍了兩下手。

孩子們以拍手為號令，迅速在兩行杉樹前排列整齊。然後不知從身上哪兒摸出來個木魚，嗒嗒嗒地低頭敲了起來，聲音整齊劃一，嘴裏還嘀嘀咕咕地唸叨着甚麼。

這麼念了一盞茶的時間，只聽身邊老人聲若洪鐘地喊了一聲「停」，所有的孩子又齊刷刷地把木魚塞回身上甚麼地方。從隊伍中站出一個人來，面向大家開始發號施令。

「一！」「嘿！」

「二！」「哈！」

馬可和春華的目光一下被吸引了過去，雙目圓瞪，眼前發生的一切太不可思議了。

在一聲聲的口令中，孩子們整齊劃一地出拳、收拳、踢腿、收腿。從馬可的角度看過去，根本看不出有多少人，只能看到重重疊疊的人形，做着一模一樣的動作，連動作幅度都完全相同。

大概做了二十幾個動作，這些孩子互相施禮，靜靜地站回原處。彷彿剛才是馬可的幻覺，甚麼都沒發生過一樣。

　　「這是？」馬可終於忍不住問，「難道這就是中國功夫？」

　　馬可的注意力全都放在了這些半大小子的身上，壓根兒沒注意身旁春華已急不可耐地兩眼放光。

　　「哈哈，西方來的朋友，這不就是你們今天來的目的嗎？」老人的話是對着馬可說的，但雙眼卻盯着春華。

　　「是的！大師，我來這裏，就是要學功夫！」

　　經過了短暫的興奮，春華鼓起勇氣開口了。她也學着光頭孩子們的樣兒，雙手抱拳，恭恭敬敬地對老人家行了禮。

　　到這時，馬可才恍然明白，原來這位看上去弱不禁風的老人，居然是這座學堂的大師，而這座學堂，竟然是功夫學堂！

「中華功夫，沒有國界。照理說，只要是一心向善的人，都可以學。」大師說着，拿眼角瞟了春華一眼，繼續說道，「但是，一來你是女兒家，未必吃得了學武的苦……」

沒等他把話說完，春華快跳起來了：「我吃得起苦，我吃……」

大師擺擺手，打斷了春華：「二來，學武不比學文，就算你吃得起苦，也不見得能學得了。你看我的這些弟子們。」

順着大師的眼光，馬可和春華看向場中。

「我的這些弟子，都是百裏挑一的好苗子，有些是世代習武，從小就打下了根基；有些則是我遍遊天下挑來的，雖然沒有根基，但身如璞玉，稍加打磨便可成大器。」

說着，大師略有深意地看向春華。

言下之意，你究竟是有根基，還是本身就是練武的材料呢？

見春華猶豫起來，馬可自然是支持自己的朋友：「大師，我的朋友一直嚮往武術，雖然不是傳統練武之家，但她的母親是最棒的廚師。我知道，廚藝和武藝不一樣，沒法互通和比較。但是我同樣知道，不論甚麼事，如果要做到極致，那都是需要勤學苦練，再加上一點兒天賦和悟性。我相信，她有這樣的悟性！」

本來春華都有點兒想打退堂鼓了，剛才大師說的話，顯然是給她設門檻，但被馬可一說，她又覺得很有道理。不知不覺，雙眼散發出自信的光彩。

大師把手中的掃把往牆上一靠，笑呵呵地看着馬可和春華。不知道是被馬可的話說動了，還是別的甚麼原因，他向隊伍的方向招了招手，一個看起來才六七歲瓷娃娃般的小人兒就跑了出來，滿臉稚嫩。很難想像，剛才他也在隊伍中把動作做得如此有模有樣。

「去，把大師兄喊來。」大師慈愛地說。

瓷娃娃水汪汪的大眼睛打量了下眼前的男女，乖巧地行了個禮，一顛一顛地跑了開去。

沒過多一會兒，他就帶着一個和馬可年齡相仿的儒雅少年回來了。

「這是阿勝。」老人向少年點了點頭，「他天資不算聰穎，也沒有世家背景，但就像你剛才說的，他很有悟性。」

大師又對阿勝說道：「來，給二位遠道而來的客人露一手。」

阿勝先恭敬地對大師和馬可三人行禮，然後脫去了身上的長袍，站到了場地中央。

等他站定，合眼，一身的書卷氣蕩然無存。隨着他睜開雙眼，馬可產生了一種錯覺，彷彿有兩道金光從阿勝的眼中射出，整個天地都為之黯淡。

「喝！」阿勝在場內一聲爆喝，雙腿穩穩紮了一個馬步，然後雙手就像翻花的蝴蝶一樣，各樣招式飛舞而出。起先給人的感覺像是立於山巔的猛虎，山中我為王的氣勢沛然而出；隨着他幾步踏出，身形一變，又給人感覺像是蟄伏在深淵的遊龍，一股磅礴的氣勢從他身上蕩漾開來。

馬可感覺頸後一涼，有一種如臨大敵的感覺。似乎眼前的不是一個正在練拳的少年，而是一整支軍隊。他胸前的玉墜甚至都開始微微發熱。要不是他知道這只是大師讓少年露兩手，都有護着春華趕緊逃跑的衝動。

少年身形再變，那種危險的氣味才漸漸消散，彷彿凝固了的空氣終於又開始流動。馬可深深呼出一口氣。

「一個武學世家的孩子要練到這樣的程度，大約需要八年，而阿勝從甚麼都不會，到練成這樣，只花了三年。」大師滿意地朝場中少年點了點頭，「其中吃了多少苦，恐怕只有他自己才知道。」

馬可和春華不禁咋舌，天哪，三年的時間走完別人八年的路，這該是有多麼大的毅力！

「知道了這些，你還想留下來習武嗎？你又有多大的毅力呢？」

春華顯然有些被打擊到了，但還是不甘心。好不容易說服娘親能來這裏看一下，但總不能真的看一下，就嚇退吧？

這可不是她的性格，只聽春華平靜地說：「大師，我從來沒有接觸過武術，家裏和身邊也沒有一個是練武的人，但是，我還是想學。」

　　大師笑瞇瞇地看着春華，鼓勵她說下去。

　　「從前我和母親相依為命，生活不算富裕，但靠自己的雙手能養活自己。」春華陷入了回憶，雙眼顯得有些迷離，「可是兩個女人，在外人看來，就是兩個任人欺負的弱女子。」

　　「春華，不會的，我們都會保護你們的。」馬可焦急地說，他從來沒有把姜大嬸母女當作外人。一路走來，早已當作親人來愛護。

　　春華感激地看了馬可一眼，搖了搖頭繼續說：「在故鄉，雖然大家都對我們很好，但這一路走來，我還是看到了很多。鄉紳惡霸仗勢欺人，對弱小的女人和孩子隨意欺凌；山村裏的人，面對惡劣的環境和猛獸時，只能選擇退讓。就拿我來說，之前在故鄉，有痞子佔着大家公用的井水強行收費，我除了裝作勇敢地去譴責他們，一點兒辦法都沒有！」

　　「馬可哥哥，你知道嗎，其實那時候我很害怕，非常害怕，如果不是有幾個好心的同鄉站出來，我都不知道接下來會發生甚麼。」春華說着說着，眼圈也紅了。

　　馬可不知道說甚麼安慰她好。

　　春華深深吸了口氣，沒有讓繞着眼眶打轉的淚珠掉下來：「我要變得足夠強大，保護自己，保護我娘，保護馬可哥哥和所有愛護我的人。」

　　春華定了定神，彷彿下定了決心一樣，雙手抱拳，深深彎腰行禮。

　　「所以大師，雖然我現在甚麼都沒有，甚麼都不會，但是請收下我做徒弟吧。我吃得起苦，我耐得住寂寞，我一定也可以像阿勝師兄一樣！」

　　「哈哈哈，女娃娃，這女娃娃！」

　　大師出人意料地哈哈大笑起來，笑得莫名其妙，馬可心中怒氣橫生。

　　「大師，春華是沒有甚麼背景，但我保證她說的每一句話都是發自內心。你可以不收她，但你不能嘲笑她！」馬可額頭青筋鼓脹，一把拉起春華的手，「既然大師這麼看不起人，那，抱歉打擾了！」

　　說罷，馬可拉着春華就往外走。大師看上去人不錯，就算不願收春華為徒，也

不至於嘲笑她。

「等等！」老人家的聲音不徐不疾地從兩人身後響起。

「老人家還有甚麼指教！」不知不覺，馬可對大師的稱呼又變成了充滿陌生感的「老人家」。

「哎，現在的年輕人，真是衝動。」大師慢慢彎腰，把竹掃把拾起，「我可有說過我不收這女娃娃為徒了嗎？」

這下輪到馬可愣住了，他張了張嘴，但又不知道說甚麼好。

「但是你剛才哈哈哈，不是在嘲笑她嗎？」馬可昂着頭，把春華護在身後。

「你呀！」大師無奈地搖了搖頭，「我笑，是笑這娃娃心存善念，哪裏是嘲笑她、不收徒的意思。況且，她都叫『阿勝師兄』了，這師兄師妹的名分都被她說出口，我哪裏還有不收徒的道理？」

「您的意思是……」

「天下間，從來不缺天資聰穎的人，更不缺有深厚背景的人，哪怕是萬裏挑一的人，芸芸眾生，總還是不在少數。」老人擺弄着手中的掃把說，「唯獨一種人，是最少見、最難得，也是最符合我老頭子心意的，那就是擁有赤子之心、心懷天下、秉存善念之人。這女娃娃，正是如此。不錯，我老頭子很喜歡，很喜歡。」

馬可沒回過神來，還是春華反應更快。只聽「撲通」一聲，春華已經跪在了大師面前。

　　「師父在上，請受徒兒一拜！」

　　「哈哈哈，起來吧，起來吧。」大師雙手在虛空中一抬，似乎有股看不見的力量使到了春華身上，將她緩緩托起，扭頭對馬可說道，「念在你護友心切，剛才的事我就不和你計較了。若是你能守住心神，不驕不躁，我倒是更想收你為徒啊。」

　　馬可忙不迭地連聲道歉，都怪自己太莽撞，衝撞了大師。

　　大師新收了徒弟，也是心情極好，整了整衣衫說道：「既然有緣收了徒弟，那也順便給你們操練一番，免得落人話柄，說我老頭子不學無術，坑蒙拐騙。」

　　馬可知道這話是說給自己聽的，要讓自己信服，更要讓自己將所見所聞帶回去，讓春華的母親信服。

　　只聽在場眾小光頭們齊聲道：「恭請師父！」

　　大師也不矯情，左手就這麼握着竹掃把，開始左右上下繞圈擺動，身體緩緩地晃動着，雙腳卻扎實地踩在地上。馬可正在疑惑這究竟是個甚麼講究時，就感覺身邊的空氣開始加速流動，但不是起風的那種，而是所有的空氣都在加速朝着大師而去。慢慢地，有風聲響起，這是空氣越動越快的標誌。當風速再快起來時，馬可都驚呆了，他肉眼都能看到風的痕跡。大師還是站在原地，但就像站在了漏斗的中間一樣，所有的空氣在他的身邊旋轉、壓縮，整個學堂上空形成了直達天際的一股氣流。

　　對了，和沙漠中看到的風暴一樣，大師就站在了風暴的正中間，巍然不動。

　　足足過了一炷香的時間，隨着大師停止舞動手中的掃把，這股氣旋才逐漸消散。

　　在場的所有人，除了馬可和春華之外，都顯得非常平靜。只是馬可和春華張大的嘴，久久都沒有閉上。

如果不是我現身說法，加上威賽他們從旁勸說，姜大嬸恐怕絕不會相信春華，更別提讓她去學堂了。

從此，春華也有了新的去處。她日日習武，進步真是突飛猛進。

得空之時，我也經常陪她一同去學堂，中華功夫令我歎服，同時我也告訴自己，要變得更強，才能保護身邊所有人。

第五章
卡拉贊城

某日，大汗召我進宮，說要派給我一項重要的任務。

受到大汗賞識，我被任命為西域使臣並派遣出訪。這太令人意外了，簡直是無上榮耀！

可能因為大汗看到了我一貫以來的耿直和忠貞，才有了此次西行旅途。

「馬可，快看！」日夜兼程趕路，春華的嗓子已略帶沙啞，卻還是忍不住驚呼起來，「天哪，有那麼多的……」

此次大汗祕密下旨，馬可·孛羅帶着胡安和春華，從大都出發，一路向西，目的地是窩闊台汗國的卡拉贊城——大汗的親戚海都殿下所在的領地。海都殿下在窩闊台地區的管轄情況，一直都由指定的使臣定期進京匯報，而近期傳聞卡拉贊城有點兒異常，使臣進京還有一段時間，為了避免不必要的誤會，馬可·孛羅的身份，最為合適了。

為了節約往返時間，不免有時風餐露宿。但對馬可一行人而言，早就習以為常，穿越茫茫戈壁或是遼闊草原也不在話下，反而三人做伴，也不失為一份小樂趣。途中偶遇天寒地凍、餓狼襲擊之類的，也都在玉墜的預警和三人的英勇中，一一被克服。尤其現在，春華可是一位有了正規招數、會拳腳功夫的姑娘呢。

卡拉贊城就在前方不遠處，城外廣闊的土地上，道路一側隔三岔五便能看見一座座穀堆矗立着，農戶們正在忙着收割、捆紮、運輸、打穀，一派秋收農忙、欣欣向榮的景象。

道路另一旁由柵欄圍護，這兒不是農田，而是廣闊的草場，「天蒼蒼，野茫茫，風吹草低見牛羊。」民歌裏是這樣傳唱的，而眼前的景象，更為壯觀：綠油油的草被秋風染成了麥田色。伴隨着陣陣秋風，寬廣的草原像海浪般蕩漾。而在這片颯颯草地上，並不見牛羊，而是無數匹駿馬！

春華正是被眼前這萬馬奔騰的景象震撼住了！隨着她手指的方向，馬可和胡安也不由張大了嘴。

這是京城任何一座馬場都不曾擁有的馬匹數量！

強勁的鐵蹄，「嗒嗒」的馬蹄聲，各種毛色迎着太陽的金光而飛馳：黝黑、深棕、淺褐亦或帶着白點間色的，馳騁在這片土地上。

「奇怪……」胡安皺了皺眉頭，略微不解，「草原多駿馬是真的，但卻沒聽說這卡拉贊城外圈養了如此眾多的馬匹呢。」

「成千上萬的駿馬呀，如果我也有一匹就好了。」拳腳功夫日益精進的春華，開始對不曾嘗試過的任何運動都有點兒蠢蠢欲動，「如果能騎馬飛馳在草原上，多好啊！」

馬可收回了看呆的眼神，笑盈盈地對着夥伴說：「我們先進城去，安頓好了，可以打聽一下這事。春華，我們任務完成得好，沒準兒回京，大汗賞你一匹駿馬呢！」

春華噘嘴衝着馬可昂了昂下巴，隨即咧嘴樂了，哪怕只是一句玩笑話，也可以一解旅途疲憊。

越靠近卡拉贊城，人流越密集。果然是窩闊台汗國的都城。

隨着熙熙攘攘的人潮進入市區，馬可一行人立即被眼前的繁華景象吸引住了。

顯然和大都相比，這裏的規模沒法兒相提並論，但就一個汗國而言，卡拉贊城絕對是位居翹楚。四四方方的街道寬窄有序，琳琅滿目的商鋪鱗次櫛比，進進出出的商販和路人，各式衣着人等均有，有前來採辦貿易的，有流連集市湊熱鬧的，也有顯然是流浪賣藝的。

「定了定了！明天！」

「真的嗎？確定了？」

突然間，市集裏一陣小騷動，嘈雜的人羣裏傳來或詢問或肯定的聲音。甚麼？明天有甚麼大事嗎？馬可四下望去，隨着這一聲聲的消息，店鋪的夥計，或者街上的路人，彷彿都在交頭接耳，有竊笑的，有撇嘴的，也有忍不住晃腦袋的。

「我剛剛看見他路過啊，又年輕又帥氣！簡直不二人選，肯定成！」

一名婦人，一手挽着滿滿當當盛着蔬果的菜籃子，一手挽着夥伴，興奮地描述着，說到激動處，挽着夥伴的手便鬆開，在空中快速比畫。

身邊的同齡婦人拉了拉同伴，伸手擋了擋嘴角：「據說艾爾汗王子還超級有錢，真是般配呢！」

不知何時，她倆身後有位老嫗湊近上來，歲月滄桑在其臉上佈下各條深淺褶子，「我看難說呢！」老嫗拖長了聲調，「成不成，這不還得看她狠不狠啊？」說罷，老嫗向着集市盡頭又隔了幾個街區的宮殿努了努嘴。

大夥兒都在議論甚麼呢？感覺份外熱鬧啊！馬可壓抑着自己內心的萬分好奇，初來乍到，還是先進宮拜見過海都殿下再回來打聽，反正時間有的是。

三個人徑直來到海都殿下的宮殿門前，恭敬地遞上大汗親筆寫的官牒和文書信物。

踏入宮門，馬可一邊緊跟侍衛，一邊四處張望。這宮殿規模無法和皇城比肩，卻也是堂皇富麗，巍峨無比。尤其在靠近塞外一馬平川的土地之上，更顯異常壯闊。曲

曲折折的迴廊連接着幾座或大或小的殿堂，平鋪的大理石磚面，飛翹的屋脊殿角，都有皇城的影子，只是按律縮小了一些——不愧是海都殿下的領地和王府。

正殿之內，馬可帶着胡安和春華，向海都殿下跪拜行禮問安。

「好吧，歡迎各位遠道而來，辛苦啦。」海都殿下端坐在寶座之上，揮了揮右手，嘴角勉強提了提，顯然沒有熱烈的態度，不過倒也不算特別失禮數。這是一位身形彪悍的中年男子，身着華服，頭戴禮帽，方方正正的臉上佈滿了修剪過的絡腮鬍子，眉毛濃重帶着捲兒絞纏在一起。這濃眉下的眼睛不算大，卻佈滿了紅血絲，明顯是連續熬夜或者傷神所致。

「鄙人僅代表大汗，獻上最誠摯的問候！」馬可·孛羅繼續俯首鞠躬，「鄙人來自遠方的威尼斯王國，初來乍到，若有冒犯，請海都殿下見諒，祝願殿下千歲千千歲！」

「還千歲，氣都要被氣死了！」

海都殿下的心思顯然並不在眼前這三個年輕人身上，佈滿紅血絲的眼中飄過一絲憂愁，貌似想到了甚麼，緊皺雙眉隨口嘟囔了句。

馬可一驚，殿堂之上海都殿下如此不耐煩，定是真心有煩惱之事啊。

「望殿下明示！」

「還能怎樣？你們沒聽說？」海都殿下壓着心中火氣，衝着馬可一行三人，提高了嗓門兒說，「你們進城來還沒聽說啊，就我那寶貝女兒忽圖倫公主，愁都把人給愁死了！」

海都殿下一直搖着頭，欲說還休，忍不住唉聲歎氣。

「稟告殿下⋯⋯」胡安顯然對窩闊台汗國的了解比馬可多一些，「聽聞公主殿下盛世美顏，自小文武雙全，何愁之有？」

「就這文武雙全，愁死人啊！」海都殿下一聽胡安的話，感覺更加來氣，眼中的紅血絲也更為明顯，胸脯隨着喘氣一起一伏，「好好的一個公主⋯⋯」

「父王，您在喊我嗎？」海都殿下話音未落，殿外傳來一聲清脆響亮的詢問。

只聽到俐落的腳步聲和一陣叮叮噹噹的銀鈴聲，一位妙齡女子奔入殿內。兩旁侍從紛紛施禮，原來此人正是海都殿下的掌上明珠——忽圖倫公主。馬可等人也趕緊拜見公主殿下。

「遠道而來，不必客氣，都請起吧！」忽圖倫公主爽朗地一揮手，聲音分外有力。馬可跟春華在功夫學堂上過一些課，知道這是中國人所謂的「中氣十足」。抬眼見，只瞧得眼前這位公主，身披白狐毛鑲邊的絳紅斗篷，其上用金線繡着大朵大朵的花卉圖案，身着窄袖短衫配褲裝靴鞋，腰部褶襇密縫，可見布料及製作之精細，蓮花紋路的腰帶上左右分別繫有打着瓔珞結的玉佩和鑲嵌珠寶的匕首。這一身裝扮的忽圖倫公主舉手投足之間盡顯颯爽英姿，絲毫無拘束，和大都皇城內溫柔似水的闊闊真公主有着天壤之別。

畢竟是海都殿下最中意的孩子，忽圖倫公主轉身面向父親，笑盈盈地湊到跟前，抬腿一屁股坐上了寶座的扶手處，伸手攬住父親的胳膊，歪着腦袋問道：「還沒進殿內，就聽到父親喊我名字呢，今天我可沒闖甚麼禍呀，哪兒又惹到您啦？」說罷她小嘴一噘假意委屈。

「好好好，今天你沒惹我，那明天呢？不是又要設擂台啦？」海都殿下忍不住抬手戳着公主的腦袋，只是力道並不大，「你說，我給你挑的那些王公貴族的孩子，哪個不是一表人才？你怎麼一個都看不上呢？」

「父王！」公主的語氣顯然帶着不樂意，「那些您覺得一表人才的，在我看來都是酒囊飯袋！女兒自己一輩子的大事，一定要挑個稱心如意的才好！」

「稱心如意的？那不如直接說挑個打得過你的，不就得了！」海都殿下剛平復的嗓音又提高了幾度，「好好的一個公主，成天在外拋頭露面，還要比武招親！為父的臉面都讓你丟光啦！現在四周哪個汗國不傳遍了你的消息？真是想氣死我啊……」

「父王！」忽圖倫公主晃着海都殿下的胳膊，也不惱怒爭辯，假裝女兒家撒嬌的模樣說，「我這比武招親，一來能挑到自己喜歡的，二來能選到將來替您衝鋒陷陣的將帥，豈不是一舉兩得。」

「別提衝鋒陷陣啦！」海都殿下揮了揮厚實的手掌，「你這每贏別人一次，就要

一百匹駿馬為賭注，你去城外看看，我們皇家圍獵苑內圈養的馬匹都快滿出來了，沒地可跑啦……」

哦，原來進城之前那一片遼闊草原上奔馳的各式駿馬，都是公主比武贏的賭注啊！馬可對眼前這位公主肅然起敬——這得是已經打贏了多少王公貴族啊！簡直是女中豪傑！

「太厲害了！」習武的春華也忍不住讚歎起來，「公主真是太厲害了！」

「說起明兒的擂台，那個叫甚麼來着，艾爾汗？你準備好了嗎？」海都殿下扭頭詢問女兒。

「管他是誰呢，反正明天我定是全力以赴，他那一百匹駿馬，也必定是我囊中之物！哼！」公主語氣絲毫沒有猶豫，一副志在必得的模樣，「對了，大都使者，明天你們也一塊兒來吧。」

春華一聽，忍不住攥緊了拳頭暗自開心，馬可和胡安也饒有趣味地期待起來。公主比武，千載難逢啊。

「盛柳驛站」——馬可‧孛羅抬頭，看到驛站匾額高懸，敞開的大門進進出出很是熱鬧。「這幾日就在這裏住下吧。」馬可回頭招呼兩個夥伴。

胡安長長地伸了個懶腰：「終於有一處安穩地了，今晚要舒舒服服地睡一覺！」

春華簡直不敢相信，明天要親眼見到公主比武！她一路上都心不在焉，思緒早就飄到了其他地。真的嗎？一定很精彩嘍？如果公主輸了怎麼辦？可是贏了呢……

店小二按規定登記完馬可‧孛羅一行人的資料，大汗臨行前給了不少盤纏，馬可決定讓大夥兒都住得舒坦一些，便要了三間上房。他們走上樓梯，推開房門，窗明几淨。軟塌上鋪着蓬鬆的被褥，牆角還有入秋後以備夜間寒涼的炭火盆子。驛站早已準備好熱氣騰騰的奶茶，案几上的薰香微微地冒着極細的煙，甚是好聞。

據說卡拉贊城的牛羊肉是上等的肥嫩，馬可招呼同伴們收拾好就下樓大快朵頤。驛站的餐館一到飯點就聚集了好多人，聊得最多的，就是明日的擂台比武。有的堅信艾爾汗王子所向披靡，也有的看好忽圖倫公主，好不熱鬧。

馬可想挑個角落的位置坐下，畢竟初到卡拉贊城，還是不要太惹人注意的好。可惜館內位置大多被佔，只剩角落中一張木桌，旁邊有一位青年端坐喝茶。馬可上

前禮貌地詢問是否可以拼桌。青年並不介意，友好地點點頭，繼續喝着自己的奶茶。

　　胡安一落座，忍不住和馬可討論起來：「馬可，今天可真是大開眼界，這裏的公主和京城的公主太不一樣了！」

　　青年一聽到「公主」二字，停下了喝茶，看了看拼桌的這三位同齡人。

　　「那我可更喜歡忽圖倫公主！又漂亮又瀟灑，簡直是我的偶像呢！」

　　春華眉飛色舞地說，一臉崇拜狀。上了一段時間的學堂，她更加活潑好動了。

　　「你呀，乾脆別回大都，留在這裏給忽圖倫公主當侍女得了！還能一起練武呢。」馬可拍了拍春華的肩膀笑着說。

　　「敢問各位……」喝茶的青年抹了抹嘴，伸手抱拳以示幸會，「方才聽說見過忽圖倫公主殿下？」

　　「您好！在下馬可・孛羅。」馬可舉手回禮道，「初到卡拉贊城，今日有幸進宮拜見，正巧公主在場，有幸一睹芳澤。」

「公主殿下一切安好？」

青年貌似有點兒急切，能住進這驛站的，想必不是尋常百姓或商賈，多少也有些身份。

馬可仔細打量眼前男子，說不上是眉清目秀，也可算是塞外俊逸的青年。畢竟這裏常年風霜雨雪、烈日黃沙，人的膚質紋理更為突出。這男子鼻樑高挺，眼窩深陷，迎着燭火，眼眸中露出的是同齡人少有的堅毅。他身着並不算華貴耀眼的服飾，但乾淨合身，領口的紋案很是精緻，透過緊貼胸膛的衣衫，隱約可知衣服底下健碩的肌肉。

見馬可一直打量自己，男子露出一絲尷尬的笑意：「在下艾爾汗，明日正要和公主切磋討教。」

「甚麼？」

胡安忍不住輕聲喚出聲來，隨即趕緊捂住嘴。一旁的春華也是愣愣地張大了嘴，硬是沒有吐出一句話來。

馬可也大為吃驚，但立刻反應過來，恭敬地招呼：「殿下！」

看到三人這副神情，艾爾汗王子絲毫不詫異，繼續顧自說道：「馬可·孛羅？好像聽父親提到過，大汗的朝廷來了外國的使臣，想必是閣下了。在下艾爾汗，來自察合台汗國，只不過位列第十五，在我上面有眾位德才兼備的兄長。所以，我這個王子的身份也不怎麼顯眼。」

說罷，艾爾汗王子頓了頓，原先略微黯淡的眼神中又燃起一些光亮：「忽圖倫公主，在很小的時候我倆有過一面之緣，她略小我幾歲，但是自小就特別活潑，她就像我們草原上的羚羊，獨一無二，絕對不是旁人所能替代的。」

艾爾汗摸了摸脖子，有點兒害羞地低了低頭：「講真的，比武招親也就公主才能做得出來。我其實特別高興，因為如果不是這樣，我要想和她在一起，那是絕對不可能的！我的父王只贈予我一千匹駿馬，並沒有給我屬地和更多的財產。明日，我可以堂堂正正地和公主交手，只要我稍稍贏過她一點兒，就能和我喜歡的姑娘在一起了……」說罷艾爾汗的嘴角不自覺地揚起，彷彿對明日之戰志在必得，也彷彿想像到了大婚的幸福場景。

馬可看着簡直就是自言自語的艾爾汗，突然湧上一股莫名的憐惜，同樣是王子，他的未來看似並不輕鬆，而這般敢為心上人努力的模樣，着實令人感動。

「那你明天會竭盡全力去打敗公主？」春華打斷了艾爾汗的思緒。

「啊？其實，我很矛盾。」聽到這樣尖銳的問題，艾爾汗回過神來，「忽圖倫公主美得就是一顆明珠，那麼晶瑩，像雪山的冰晶，我捧在手心裏都怕化了，怎麼能忍心下手比武。可是，公主武藝高超，我這勝敗也就是轉念之間的事情……」

翌日清晨，馬可三人梳洗完畢，直奔海都殿下的宮殿。走在街上，只聽得大家都迫不及待地等候宮殿的最終消息，民間也開起了各種博弈賭局，只等結果開獎。

海都殿下的花園內，已在空曠之處連夜準備好了擂台。十幾尺見方的米黃色地毯，足夠兩人比武，閃展騰挪，但也不是過於寬敞。賽場四周擠滿了入宮觀禮的王公貴戚，好一番熱鬧的景象！這在花園中本並不常見，但最近卻隔三岔五地上演。

離賽場不遠處，海都殿下帶領妻妾入席，馬可·孛羅一行人，作為大汗的代表，自然是最尊貴的客人，緊挨海都殿下落座。

「恭請忽圖倫公主和艾爾汗王子上台！」裁判官莊嚴宣佈。

忽圖倫公主今天換了一身緊身輕便的服裝，一頭烏黑秀髮被編成無數的小辮，紮在一起，彩色頭繩在秀髮中間若隱若現，腰間沒有多餘的珠寶配飾，更為俐落。艾爾汗王子今日更加英姿勃發，他一手背在身後，一手向前，紳士地做了一個「請」的動作。

「公主殿下！在下艾爾汗，年幼之時曾與您有過一面之緣，不知殿下是否記得？」

艾爾汗面對心愛的姑娘，心臟撲通撲通直跳，並不是因為比武緊張，而是時隔多年，以翩翩青年的模樣重新站在公主面前，等待她的回答。

忽圖倫公主皺了皺眉頭，瞇着眼睛思考了幾秒：「艾爾汗？不太記得，也可能見過，畢竟你也是位王子，要是今日你打贏了我，那就一定記得你了！」

「公主殿下，如果在下今日敗了，願獻上全部的千匹駿馬！」艾爾汗王子不卑不亢應答道，「和一支芬芳的玫瑰。」

四周貴族發出一陣驚歎聲，千匹！不是百匹嗎？這位王子帶來千匹駿馬？這是多大的自信呀！

顯然，大家都愣住了，這可是前所未聞的賭注啊！海都殿下不禁對這位站在女兒對面的年輕男子刮目相看，他捋了捋鬍子，側頭對夫人輕聲說道：「這小子，志氣不小，看來也是個有膽識的。」

希望是個既有膽識，又有真本事的，趕緊讓我們寶貝女兒傾心於他才好呢！夫人暗自思忖着。

馬可三人也是一臉吃驚狀，昨晚驛站簡單的聊天，讓他們對艾爾汗王子的身世和他對公主的愛慕已有所了解，只是不知道，他願意拿自己全部的財產來作今日的賭注。

忽圖倫公主露出了難得一見的嬌羞，她接過艾爾汗王子手中的玫瑰花，嗅了嗅，嗯，真是香。可是既然接過玫瑰花，隨手扔了也不行，乾脆折斷花莖，插進了耳朵旁的辮子裏。陽光下，公主，玫瑰，格外嫵媚。

「那，那請吧！」公主收起嬌羞，抱拳，立即投入比武之中。

台旁側的武官點燃三炷香中的第一炷香。

「公主先請！」艾爾汗依舊禮貌地請心上人先出手。

忽圖倫公主抬起右手握拳高舉至額前，左手筆直伸掌在胸前，雙膝微曲，「喝」的一聲直直向艾爾汗衝來。出拳不帶絲毫猶豫，直奔艾爾汗胸膛。艾爾汗雙手合十，抵在胸口，緩衝住公主第一拳的瞬間，略微側了側身，公主順勢從其身邊擦肩而過，一個箭步及時踩停，揚起手臂，利用手肘一記回擊。艾爾汗本準備以退為進，誰料這憑空一肘，正中下腹，疼得立刻彎了腰，趕緊後退幾步，起式回擊。這公主，真不可小覷啊，艾爾汗心想。

幾個回合下來，忽圖倫公主只佔微弱優勢。由於打鬥，她緋紅的雙頰在陽光照射下，一層短短的幾乎透明的汗毛冒着熱氣，光潔的額頭上滲出豆大的汗珠，朱脣微張，隨着起伏的胸口，均勻急促地喘着氣。艾爾汗王子也不相上下，汗水順着鬢髮流淌，他抬手用衣袖抹去，大口大口喘着粗氣。但他嘴角依舊掛着淡淡的微笑，豔陽的照耀下，英俊的五官在臉上投下陰影，看不清那眼神中是否帶着笑意。

「哐哐哐！」金鑼鳴響最後一炷香的時間，若這最後一炷香的時間內王子還不能取勝，那就被判敗北。

人羣一陣騷動。

「還剩最後一炷香啦！」「艾爾汗還不努力出拳，等甚麼呀？」「公主今天也沒佔太多便宜，就看這最後一炷香啦……」

時間緊迫，艾爾汗決定奮力一搏。

他深吸一口氣，彷彿給自己下個決心，拔腿邁向公主，伸展雙臂準備虎撲。而

忽圖倫公主也是有備而來，一下貓腰躲閃成功，雙手撐地後仰抬起右腿，直踢艾爾汗臂膀。艾爾汗被踹了一腿，順勢借力一掌落在公主腰間，只聽得「啊」的一聲，公主猝不及防，應聲倒地。

這一叫可把艾爾汗王子驚着了，見公主勢必將重重摔倒，電光火石之間，王子不假思索地伸手拽住公主已在空中揮舞的胳膊，並用力往自己身側拉拽，同時墊腳扭轉身體，努力將公主拽在懷中，用自己的身軀當成墊背，「啪」的一聲，兩人重重摔倒在地上，公主身下墊着艾爾汗。由於同時倒地，並不分勝負，但忽圖倫公主出人意料地打挺扭身，用前臂死死抵住艾爾汗的脖子，令他絲毫動彈不得。

「他，他輸了！」公主扭頭衝着武官大喊，語氣中沒了往日的倔強，而是帶着些許心虛。

眾人再次嘩然，席間各種聲音紛至沓來。

「明明是艾爾汗讓着公主啊！」「這回，公主耍賴！」「這哪兒還有公平啊……」此起彼伏之聲讓海都殿下也着實面露尷尬，比武本來只看結果，但這最後的反轉場景，女兒的倔強，王子的風度，旁人的質疑，凡此種種讓海都殿下一氣之下甩袖而去，臉色極其難看。

台上的忽圖倫公主見父王拂袖離去，立刻鬆手放開艾爾汗，後退兩步，裝作若無其事地撣撣衣袖。

「公主好武藝，在下佩服！」

艾爾汗揉揉被公主落地壓着的胸口，舒展了一下承載了兩個人着地份量的後背，長長地吐出一口氣，禮貌而略帶失望地向忽圖倫公主深深地鞠躬致敬。

忽圖倫公主豈不知剛才這番情景，都是因為對方想保護她，而她求勝心切不肯認輸，才順勢逆襲，要說勝之不武，也是不爭的事實。

「你，你剛才為甚麼要救我？不知道會輸啊？」

公主憋紅了臉，忍不住衝着艾爾汗小聲吼了起來，這一聲反問中帶着內心多少羞愧，想必只有她自己知道。

艾爾汗王子訕訕地撓了撓後頸說：「哎，沒事，反正就是輸了。女人是用來保護的，如果一定要讓你受傷才能贏你，那我寧可自己輸。公主殿下，誰都不能傷

害你，哪怕是用玫瑰花來傷害你，我都不允許！」

　　艾爾汗一臉嚴肅的神情，分明沒有半點兒玩笑的成分。這是真心話，即使此刻給他一株玫瑰，他也會清理乾淨所有的花刺，再將它送到公主手中。

　　忽圖倫公主的視線突然模糊了，淚水噙滿了眼眶，有感動、愧疚、悔恨及不捨，百感交集。她呆呆地看着眼前的男子，不敢靠近也不忍離開……

　　見識了這麼一場聞所未聞的比武招親，我帶着對窩闊台汗國的所有見聞，重新踏上了趕回大都的旅途。

　　半道上聽聞公主推翻了最後的比武結果，帶着艾爾汗王子正式入宮拜見海都殿下。當然這些會有使臣下次進京時正式匯報給大汗。

　　不知為何，小殿下、闊闊真公主、忽圖倫公主、艾爾汗王子……一位位生活在宮牆內的皇親國戚，越來越讓我懂得自由的價值。我毫不羨慕他們高高在上的地位和不愁吃穿的享受，反而是能自在地做選擇，才是我覺得千金不換的生活。

第六章
驚歎柔術

我的語言交流越來越順暢，上次出訪卡拉贊城，眉飛色舞地描述那裏的風土人情和公主比武招親的場面，大汗很是喜歡，甚至後悔沒有親自過去大飽眼福呢。

　　大汗的重視，令我每次出入宮廷也都倍有面子。

　　聽聞民間有一種雜耍，舉手投足之間都令人歎為觀止，今兒在宮裏要上演，大汗也召我入宮讓我開開眼界。

　　月初，內廷總管和執掌左右內藏庫的太監府掌事照例來到庫房巡查清點。

　　在庫房中，金銀和節慶場合的質孫服屬於右藏，常備的綾羅綢緞等屬左藏，而這重中之重的御用寶玉和遠方奇珍異石，隸屬內藏，需要定期盤點查驗。內藏庫房一般宮人可無法僭越，且不說門外侍衛全天候把守，往裏走，需穿過密不透風的長廊才可抵達。內藏庫房的鑰匙精巧無比，掌事平日裏用錦囊荷包收藏着，並不和其他鑰匙串一起懸掛於腰間，而是塞在內衣特製的貼身口袋中。

　　內廷總管和庫房掌事每回站在一起，總是有種莫名的喜感。總管大人瘦高個兒，習慣了畢恭畢敬，略微帶點兒駝背，鷹鈎鼻子面龐冷峻；掌事滿臉堆肉，瞇瞇眼，彷彿一直閉着眼睛，遠看就像個大木樁子，腰圍比身高更長，褲腰帶勉強勒在滾圓凸出的肚子下方，時不時地得提一下，腰間的一串兒鑰匙就嘩啦啦作響。

　　「大汗御印，妥；波斯進貢的鑲金地毯，妥；印度進貢的象牙佛雕，妥……」掌事對照着手裏長長的清單，一個一個匣子打開，掀開裏面包裹着的真絲綢緞。確認完寶物，再在清單上記錄一筆。這工作月月做，年年做，不知重複多少遍，哪怕再無聊，也不敢輕易偷懶。

　　「威尼斯總督進貢的金獅雕像，妥……啊！不！」

　　掌事一聲拉長音的「妥」還沒來得及說完，突然小聲尖叫起來：「金獅呢？！」

　　總管聞聲趕緊湊了過來，天哪！這個木匣子裏，空空如也！

　　「蒼天啊，這可怎麼辦？」不一會兒，豆大的汗珠就從掌事腦門兒上滴落下來，「總管大人，您可得幫我啊！這，這……」掌事嚇得臉色已經發白，六神無主。

　　「別慌，先找找！」總管大人佯裝鎮定，「沒準兒，上回收錯了地方，在其他匣

子裏呢。」但看他神情，也不像是個有主意的。

　　兩人不敢驚動侍衞，在庫房內分頭翻了起來。木匣子、箱子、櫃子，一個一個、一排一排地找尋。一個時辰過去了，兩人把整個庫房都翻了個底掉，仍沒有金獅的蹤影。

　　「這能去哪兒了呢？」掌事的聲音都開始發抖了，「大汗最愛這尊獅子了，說是純金的，那麼大老遠的進貢過來，怎麼就不見了呢？」

　　「此事蹊蹺，上次盤點，明明一切如常，近來宮內也無異樣……」總管托着下巴，思忖起來，「內藏失竊，可不是小事啊……」

　　掌事「撲通」一聲跪了下來：「大人，求大人！暫時不要將此事上報！容小人立即着手排查，求大人給小人一條活路和一線生機吧！」說罷，磕起頭來。

　　「使不得使不得，真要出事，打折骨頭連着筋，我也脫不了關係！放心，我先暫且不報，你趕緊着手把金獅找回來，記住，別太大動靜，但速度要快！保不準大

汗哪天又想拿出來瞅瞅呢。」

　　掌事領命，在盤點清單上先標記一切正常，重新鎖上內藏庫房的大門。只是這回鎖門的雙手顫顫巍巍，拔了好幾回鑰匙才哆嗦着搞定。

　　馬可應邀觀看晚間的雜耍演出，他換了身特別精神的衣服，提前一個時辰進宮候着。

　　「那不是內廷總管和庫房掌事嗎？嘻嘻，他倆站一塊兒，見一次保準記得一輩子！」

　　馬可正穿越御花園，往皇宮角落處的戲苑走去，遠遠地瞅見內廷總管和掌事，自言自語道。不過今天挺奇怪，總管和掌事看起來都是一副愁眉苦臉的模樣，特別是掌事，大家都說心寬體胖，平日裏他總是一副樂呵呵的模樣，今天卻緊鎖眉頭，雙手也抱在胸前互相搓着。兩人都快步走着，像是趕路，絲毫沒了常見的鎮定模樣。

　　「總管大人！」馬可手擋在嘴邊，衝着連廊喊了一聲。二人兀自趕路，完全沒有聽見，「怎麼怪怪的呢？算了，管他們呢。」

　　來到戲苑，還是上次聽《白蛇傳》的地方，只是背景佈置沒了碧綠婉約的西湖山水和林芝寶塔，而是換上了熱熱鬧鬧的場景。

只見從戲台子頂棚中心處，垂下一整匹金光燦燦的緞子，像極了在台上搭起一頂蒙古帳篷，只是這帳篷布料內外都用金絲繡滿了飛禽走獸、海浪波紋，相當精緻，配合周圍的燭光，很是耀眼。

隨着一陣咚咚咚的小鼓聲響起，帳篷般的幕布被緩緩拉開。這麼早開演？不對吧？四下並無他人，馬可尋思納悶兒，或許是彩排吧？那可太棒了，來得早，今天可以看兩回演出！

鼓聲作罷，幕布完全拉起，只見正中央擺着一張半人高的木質八仙圓桌，其上站着四位妙齡姑娘，桌邊也圍繞着四名女子，各個身量纖纖，身着統一戲服，短衣長褲，袖口腿口分別收緊，手臂和腿側分別垂掛着一排鈴鐺狀的小墜。

此時台旁響起玲瓏的音樂聲，如大珠小珠清脆落入玉盤之中。姑娘們伴着音樂，緩緩扭動身體，她們的身子柔軟得彷彿渾身的骨架子都不在體內一般，每一處關節都能任意向各個方向彎曲，甚至繞着身體的關節打轉。她們緩緩下腰，雙手撐地，一點一點向雙腳方向挪動雙手，併攏身體，直到雙手環抱住腳踝。之後又一寸一寸繼續向前，小小的腦袋越過雙腿之間，整個人都扭成麻花了。但在她們臉上看不到任何難受痛苦的表情，各個面帶微笑，甚至那眼波流轉都是自如的。

這身子，莫不是紙做的？馬可看得目瞪口呆。

緊接着，台上的姑娘兩兩一對，一人在下，一人在上。在下的，用雙腿托舉住上面姑娘的腹部，其上的姑娘後仰脖子抬手抓住自己高高彎起的雙腿，弓成一輪圓月，僅腹部被身下躺着的姑娘用腳抵着。躺着的姑娘，靈巧地用一隻腳做支撐，另一隻腳慢慢撥動上面姑娘腹部周圍的肌肉，不一會兒，彎成圓月的姑娘就開始原地打起轉來。

天哪，這頂的哪裏是一個人啊，分明像頂個皮球玩啊！馬可喃喃自語，發出嘖嘖聲。

「呦，馬可·孛羅，你怎麼這麼早就來了？」身後突然傳來一聲低沉而慈祥的問候。馬可一扭頭，不知何時，大汗已站在他的身後。

「大汗萬歲！」馬可趕緊跪拜，「不知大汗駕到，未曾遠迎，請大汗恕罪！」

「馬可，你也在啊！」小殿下從大汗身後頑皮地探出腦袋，衝着馬可眨了眨眼

晴，「是我求皇爺爺早點兒陪我來看彩排的，我們靜悄悄地來，一會兒也靜悄悄地走，我可不想驚動那麼多侍衞隨從，走哪兒都跟着，夠煩人的。」

大汗一邊搖頭笑，一邊抬手，疼愛地用手掌輕撫孫子的腦袋：「就你主意多，甚麼都好奇，不過處理了一整天軍務，正好也出來透口氣。」不愧是最疼愛的孫子，馬可心想，大汗如此日理萬機，還能抽空陪伴也是真愛吧。

馬可側着身子退下兩步，很懂規矩地站在大汗的斜後方，讓出最好的視野。

琴聲如淙淙泉水，一名孩童給戲台上的柔術姑娘們遞上一支支燭台燈盞。銅質的燈盞彷彿一株茂盛的大榕樹，每個分叉的頂端都豎着一支點燃的蠟燭，不一會兒工夫一大束閃着燭光的燈盞便被台上的姑娘頂在手掌和腳掌上。剎那間，台上金光閃閃，燭光、幕簾、服裝配合着，遠看就像廟堂裏的千手觀音，份外耀眼。

原來這就是傳說中的經典柔術表演——滾燈。

太讚了！馬可忍不住輕輕鼓起掌來！

突然遠處的花壇裏一道金光一閃而過，微弱但真實。早被眼前的柔術表演迷得失了神的馬可自然毫不在意，但身旁的小殿下卻注意到了這道轉瞬即逝的金光。小

殿下皺了皺眉，微微側了側身子，轉頭觀察那花壇。

　　傍晚一陣微風輕撫，那片茂盛的草叢裏隱約藏着個甚麼，要不然周圍的草都隨風輕擺，偏偏那古樹旁的草卻沒甚麼動靜？好奇心驅使小殿下離開大汗和馬可，悄悄往花壇靠近。

　　正當小殿下探頭繞着花壇走的時候，一陣輕微的簌簌聲響了起來，更證實了他內心的疑惑。

　　「誰？！誰在樹後面躲着？給我出來！」

　　小殿下這不顧一切的命令聲，吸引了大汗和馬可的注意，他倆這才發現小殿下已在好幾丈開外的地方。與此同時，馬可胸前的飛龍玉墜也抖動起來。

　　「殿下，危險！」他不假思索地衝小殿下大叫，同時拔劍向花壇方向奔去。

　　古樹背後，突然竄出一個黑影，只見他身着普通內廷小廝制服，頭一眼瞧並不顯眼。

　　「撲通」一聲，小廝直挺挺地跪下了，滿地磕頭：「大汗饒命！大汗饒命！小的本躲在角落偷偷看雜耍來着，本不知大汗駕到，剛剛，剛剛看到大汗和殿下，小人怕被責，責罰，故，故躲在樹後……」這結結巴巴的話語，讓人不忍心再繼續訓斥。

　　大汗也不多看一眼，擺擺手示意退下。小廝跌跌撞撞連滾帶爬地往戲苑後門一路小跑。馬可見他跪地磕頭有點兒奇怪，說不上來，只覺得衣服不那麼合身，而現在看他迎風小跑——不對呀，這胸口鼓鼓囊囊的，像是揣着甚麼東西！

「站住!」馬可不知哪兒來的勇氣,「你揣着甚麼?」

小廝剛剛得到赦免後,並不曾想還會有人阻攔,頓時嚇得停住了腳步,呆立在原地。馬可追上去伸手擋在小廝面前,一副拿出來吧,我早知道的神情:「你懷裏揣着甚麼?」

小殿下見狀,也五步併作三步地來到馬可身邊,瞅着這小廝。

　　見事情敗露，小廝眼珠一轉，一手從懷裏掏出個金燦燦的物件，猛然朝馬可身旁扔去，然後扭頭就跑──好一招「金蟬脫殼」！

　　夕陽餘暉下，那物件落地的瞬間，發出了極其清脆的響聲。

　　「金獅！」

　　馬可衝口而出，這件寶貝，可是父親、叔叔和自己歷經海洋、崇山、戈壁、險灘才送到大汗手上的信物！

　　「總督的金獅！」馬可下意識地補充了一句，趕緊衝向金獅，雙手捧起，又是哈氣又是用衣衫擦拭，生怕磕碰壞了。

　　「你給我站住！」

　　小殿下反應極快，拔腿追趕逃跑的小廝。眼瞅着就能追上了，沒想那小廝猛地站住，轉身貓腰俯身，飛起一記掃堂腿，「啪！」小殿下重重地摔在青石板地面上，疼得直叫嚷。

　　「來人，給我拿下此賊！」大汗發號施令後才發現沒有貼身侍衞，戲苑又地處偏僻，宮人侍從少。

　　悠揚的琵琶曲戛然而止，台上的姑娘們也聽到下面的動靜，紛紛收起燈盞燭台，湊到戲台邊緣。她們對這眼前發生的一切已了然於心，其中一人抬頭看了一下

戲台四周，眾人眼神相對，有了主意。這麼多年一同吃住訓練，早已練就了彼此的心有靈犀。

姑娘們四下散開，拉住那如帳篷般的刺繡帷幔，奮力一拽，旋即靈巧極速地向邊門奔去。待追上小廝，兩個姑娘健步擋在他面前，其餘人卻反向跑去，一瞬間，金光閃閃的簾幕在空中呼啦一下，如一張巨網鋪展開來。

正在拼命奔逃的小廝，一時丈二和尚摸不着頭腦，眼前閃現一羣姑娘，怎麼頭頂一下子就不見陽光了？一個罩子從天而降，伸手只觸及滑溜溜的綢緞，他拼命地拉扯，妄圖尋得縫隙逃跑，可他哪裏知道——姑娘們的日常訓練豈止雜耍柔術，武術功夫也不在話下。

禁衞軍很快趕到，劍戟棍棒將小廝團團困住，使他動彈不得。

「救駕來遲，臣罪該萬死！」闊戈泰將軍請旨責罰。

「大汗，大汗，」阿合馬大人喘着粗氣，拖着笨重的身子一搖一擺地也趕到戲苑中，「聽聞大汗遭賊人突襲，臣罪該萬死！」

「闊戈泰大人，快把那盜賊拿下，驚擾了皇爺爺，該死！」小殿下從地上爬起來，拍拍屁股，氣惱地指着被幕布罩住的小廝。

「大汗！」阿合馬大人為表忠心，說話的聲音一下子提高了好多分貝，「此賊驚擾大汗，實在罪無可恕！臣建議直接拖出去凌遲處死！」語氣中帶着惡狠狠的堅決，令人不禁望而生畏。

還沒查明犯罪原因就要殺掉？馬可心生疑惑。

「大汗！」不知從哪兒來的一份勇氣，馬可挺直腰板帶着一絲試探的猶疑，「鄙人以為，賊人縱然可恨，但不妨，不妨先關押，仔細審問？盜竊寶物受罰是罪有應得……」

馬可停頓了一下，眼角餘光偷偷地瞥了一下大汗和小殿下的神情，接着說道：「鄙人並不知曉朝廷法度，但，但畢竟人命關天，是否可以先查清緣由，如若罪無可恕，再判處死刑也為時不晚？」

馬可說罷，大氣也不敢出一聲，頂撞了阿合馬大人，還在大汗面前多嘴企

圖為壞人申辯，馬可內心也是七上八下。哎呀，這話已出口，不能挽回，無愧於心就好。

小殿下上前一步，對着大汗抱拳請旨：

「皇爺爺，孫兒認為馬可此言有理，先仔細審問才能明察秋毫，何況罰薄不慈，我朝向來也不會徇私枉法。您覺得呢？」

「嗯，押下認真審問吧。」大汗看着心愛的孫兒，果然繼承了自己恩威並濟的傳統，滿意地微笑着。

「大汗英明！大汗心懷仁慈，實屬萬民之幸！」阿合馬見風使舵的能力無人能及，立刻附和着鼓掌贊同。闊戈泰將軍目睹一切，不屑地輕聲哼唧了一下。這位阿合馬大人，和自己實在也不是一路人，那諂媚的嘴臉是武將們最嗤之以鼻的。

「今天一事，小殿下發現及時，論功行賞。」

大汗突然提起這一茬來，也對，若不是小殿下眼尖，這威尼斯金獅，可就不知落入何處了呢！想到這裏，馬可不禁一身冷汗，這無價之寶的金獅，險些……

「皇爺爺，您賞我甚麼？」小殿下一聽賞賜，再也顧不得摔傷的胳膊肘屁股蛋，登時來了勁，眼巴巴地瞅着大汗。

「就賜你汗血寶馬一匹！」

「太棒了！孫兒領旨謝恩！皇爺爺萬歲萬歲萬萬歲！」小殿下歡脫得也如駿馬一般，差點兒奔馳開來。

「另外，馬可‧孛羅……」大汗扭頭對再度獻上金獅的馬可說道，「剛才你說到法度，阿合馬大人是我朝重臣，有機會，你可以向他多多討教。」

「不敢不敢……」阿合馬大人聞言作謙遜狀，「若西域使臣馬可‧孛羅大人能屈尊前往微臣住處，互相切磋，微臣必定傾盡所有，知無不言言無不盡。」說罷，嘴角露出期待已久的笑容。

馬可受寵若驚，闊戈泰將軍和阿合馬大人，是大汗的左膀右臂，一武一文，無人能及，平日並不敢隨便親近，今日大汗下令，正好可以抓住機會討教一番。

「阿合馬大人棋藝精湛，馬可，你也可以好好切磋切磋，這是我國的傳統哦。」大汗補充了一句。

「阿合馬大人不但棋藝高超，還會讀心術呢！」一旁的闊戈泰將軍也順勢誇獎了一句，可是言語之中總有一點兒怪怪的腔調。

翌日，馬可帶着一小尊家鄉的琉璃擺設，來到阿合馬大人的官邸。

禮多人不怪，這個淺顯的道理和做客的禮貌，馬可深深記得。這一路旅途，隨身並沒有甚麼值錢的家當，家鄉的琉璃小擺設，體面也不失禮。

一踏入阿合馬大人的官邸，管家就帶領馬可穿越庭院前廳，沿着遊廊，曲折地來到大人的書房。馬可這一路算是開了眼界——原來朝廷大人的官邸也是如此富麗堂皇，大氣精緻的裝飾和曲徑通幽的妙處，在這院牆之外可絲毫無法想像。再看周圍的丫鬟小廝，即使做着粗笨的活兒，一身上下也都裝束不菲。

阿合馬大人早在書房恭候多時。

「馬可‧孛羅大人，您也喜歡中國棋藝？」阿合馬大人一臉笑容，慢吞吞地說着。

馬可‧孛羅獻上伴手禮，並拱手致敬：「希望大人不吝賜教，我只是剛剛接觸，學藝不精，還請大人不要見笑。」

阿合馬大人一抬手，將馬可迎至棋台前：「那老夫陪使臣下一局可好？」

馬可既興奮又惶恐，能和大汗最倚重的大臣切磋，實在是榮幸之至，但是自己這三腳貓的棋藝，只怕走不過三步吧……

「落子無悔，請！」阿合馬大人謙讓眼前的這位大汗派來的外國人。

幾個回合下來，馬可很是來勁，雖然自己棋藝不精，但並沒有明顯的敗勢，甚至有幾步可乘之機，阿合馬大人只是稍佔上風，馬可不由自主地露出笑容。一切都不同尋常地順利。

「使臣大人……」阿合馬大人舉棋若定的同時，瞄了一眼面前的小伙子，「您一入宮，在下就覺得和您甚有眼緣。」

「啊，真的嗎？」馬可・孛羅頭也不抬，正研究着下一步該在何處落子。

「正是。」阿合馬大人不緊不慢地說道，「您現在是大汗最器重的使臣，有您在大汗面前多說一句，可抵得上旁人百句。不知大人，可否和老夫交好呢？」

「甚麼？」馬可聽說交好二字，猛地抬起頭，疑惑地看着阿合馬大人，「交好？」馬可重複了一下，不解地眨了眨眼睛。

「是的，交好！」說罷，阿合馬大人用力地拍了兩下手，聲音甚為響亮。

只聽「嘎吱」一聲，書房的門重新被推開，管家手托一個和身子等寬的大木匣子進來，停在馬可面前，恭敬地打開匣子。一匣子羅列整齊的金元寶在馬可面前閃閃發光。

馬可被眼前的景象嚇得手中棋子直直地掉落下來，不知所措地嘟囔着：「這⋯⋯」

「您不用驚慌，也不必客氣⋯⋯」阿合馬大人繼續說道，「只要您答應與老夫交好，這只是見面禮，今後少不了您的好處，只需要您在大汗面前，在老夫力所不及的時候幫忙美言幾句即可。」

「可，可是我⋯⋯」馬可一邊猶豫，一邊飛快地思量着。

「不用甚麼可是，您也看到了，闊戈泰大人和老夫時常會有意見相左的時候，如果大汗還沒有定奪，請您看在我們交好的份上，多多美言⋯⋯」阿合馬說罷，拱手致敬，使了個眼色給管家，管家上前一步靠近馬可，那一整匣子的金元寶，在馬可面前閃着燦燦的光，晃眼得很呢。

馬可深吸一口氣，抬手蓋上了木匣子，阿合馬大人面露喜色，這可是收下的意思吧。

只見馬可後退一步，面向阿合馬大人深鞠一躬：「在下感激大人垂愛，但是，很抱歉，恕難從命！」

阿合馬大人深感意外，趕緊補充道：「大人，您是嫌禮數不周嗎？老夫願雙倍，哦不，數倍奉上！只要您開個價，剛剛說了，這只是見面禮，今後交情還長着呢。」

「哦不！」馬可立刻舉手阻止了阿合馬大人，「感激大人，只是馬可生性自由，總也管不住自己這張嘴，怕是有負大人重托，萬萬使不得！大人，今天時辰不早了，也打擾您多時了，不便久留，在下告辭！」

馬可從未見過這樣的場面，深知這事並非正常，頭也不敢抬地立馬告辭，一刻不敢多逗留。

還未邁出書房大門，只聽身後的阿合馬大人留下一句：「馬可·孛羅大人，您不必倉促決定，老夫的書房隨時歡迎您再來切磋棋藝！只要您決定好了，隨時恭候⋯⋯」

我飛也似的離開了阿合馬大人的官邸，只是想討教一番棋藝，誰料這般「盛情邀請」，真是惶恐不安。

　　剛才斷然拒絕，雖然阿合馬大人表示隨時恭候，但想必也是大大地冒犯了他！唉，如此位高權重的大人，為甚麼要賄賂我一個外國來的使臣呢？

　　也不知道接下來，還有沒有好果子吃⋯⋯